KB066646

빅데이터 리더십

빅데이터 리더십

제4차 산업혁명 시대 디지털 혁신을 위한 리더의 조건

김진호 · 최용주 지음

북카라반
CARAVAN

디지털 혁신의 핵심은 새로운 비전을 제시하고,
기업 운영 방식의 변화를 몰아붙이는 것이다.
단지 기술만의 변화가 아닌 바로 경영과 사람의 변화다.

★「디지털 혁신 보고서」(캡제미니 컨설팅Capgemini Consulting, 2017)

책머리에

"미래는 이미 우리 곁에 와 있다. 다만 고르지 않게 분배되어 있을 뿐이다." 소설가이자 미래학자인 윌리엄 깁슨William Gibson이 한 말이다. "미래가 이미 우리 곁에 와 있다"는 것은 빅데이터, 인공지능, 제4차 산업혁명 등의 단어가 우리에게 낯설지 않은 것으로 알 수 있다. 그렇다면 미래가 "고르지 않게 분배되어 있다"는 말은 무슨 의미인가?

미래가 이미 와 있도록 만든 동력動力을 우선 꼽아보고, 이에 대응하는 기업이 우선적으로 해야 할 일을 생각해보자. 모바일, 센서, 소셜미디어가 주도하는 데이터의 폭증과 그로 인한 빅데이터와 인공지능 시대의 도래가 '미래'의 핵심이다. 빅데이터는 고객과 시장에 대한 매우 상세한 정보를 담고 있기 때문에 이를 잘 활용하는 기업은 경쟁력을 확보하고 유지하는 데 당연히 우위에

서게 된다.

빅데이터를 잘 활용하기 위해서는 첫째, 누가, 언제, 어디서, 무엇을, 어떻게, 왜 하는지에 대한 정보를 담고 있는 데이터에서 고객과 시장에 대한 통찰력insight을 추출할 수 있는 능력을 갖춰야 한다. 통찰력은 어느 날 갑자기 하늘에서 저절로 떨어지는 것이 아니라 데이터를 전략적인 시각으로 바라볼 때 생긴다. 스티브 잡스Steve Jobs는 "소비자는 우리가 무언가를 보여주기 전에는 자신이 무엇을 원하는지 전혀 알지 못한다"고 했다. 소비자들이 무엇을 원하는지 모르는 것을 기업은 넘쳐나는 데이터 분석을 통해 찾아야 한다. 이제 감각적인 의사결정에 의존하는 것은 경영자의 중요한 덕목이 아니다.

둘째, 데이터에서 추출한 통찰력을 고객 만족과 기업 성과를 높이는 방향으로 의사결정에 활용할 수 있는 체계infrastructure를 갖춰야 한다. 여기에서 체계란 기업 내의 업무 처리와 의사결정 프로세스와 조직 문화 등을 의미한다. 미래가 "고르지 않게 분배되어 있다"는 말은 바로 이런 능력과 체계를 갖춘 기업이 있는 반면에 그렇지 못한 기업도 많다는 의미로 해석할 수 있다. 더욱이 미래가 고르지 않게 배분된 정도는 앞으로 더욱 심화될 것이다. 이런 현실에 대해 스웨덴의 통계학자인 한스 로슬링Hans Rosling은 "기업에서 문제가 되는 것은 필요한 데이터가 없는 게 아니라 필요한 데이터를 찾아내지 않는 것과 그런 데이터를 어떻게 다루어야 할지 모르는 것"이라고 설파했다.

지금 당신의 기업이 어떤 조직(대기업, 중소기업, 소규모 창업기업, 비영리조직 등)이든지, 혹은 어느 산업(제조, 금융, 유통, 의료, IT 등)에 속하든지 관계없이 당신의 기업은 이미 데이터로 넘쳐나고 있다. 이제 빅데이터는 거의 모든 산업과 경영의 기능을 변화시키고 있으며, 이런 변화에 적응하지 못하는 기업은 경쟁우위를 확보하거나 유지할 수 없음은 물론 심지어는 살아남지 못할 수도 있다. 진화론의 창시자인 찰스 다윈Charles Darwin은 "살아남는 종은 가장 강한 것이 아니고 가장 똑똑한 것도 아니라 변화에 가장 잘 적응하는 종"이라고 말했다. 기업은 빅데이터 시대에 효과적으로 적응하기 위해 어떻게 변화할 것인지를 심각하게 고민해야 한다. "변화는 단지 기업에 필요한 것이 아니다. 기업은 변화 그 자체"라는 교훈이 더 절실하게 느껴지는 시점이다.

이미 미래로서 우리 곁에 와 있는 기술은 소셜미디어, 모바일, 사물인터넷, 클라우드, 빅데이터 등으로 요약된다. 이 기술들은 서로 다양하게 결합되어 기업의 경영 전략과 성과에 엄청난 영향을 주고 있다. 기업이 이런 변화에 적극적으로 대응하기 위해서는 어떻게 해야 할까?

첫째, '디지타이징 비즈니스digitizing business'로 자신의 사업을 혁신해야 한다. 디지타이징 비즈니스란 빅데이터 시대의 5대 핵심 기술인 소셜미디어, 모바일, 사물인터넷, 클라우드, 빅데이터를 자신의 사업을 혁신하는 새로운 도구로 활용해 비즈니스를 혁신하는 것을 말한다. 이제 모든 기업은 사업의 어느 영역에서도 5대 핵심 기술 중에서 어떤 기술을 어떻게 결합해 도입함으로써 혁신을 이룰 것인지 끊임없이 고민하고 시도해야 한다.

2016년 세계경제포럼World Economic Forum(다보스포럼)에서 제4차 산업혁명이 이슈가 된 이후에 기업들의 디지털 혁신에 대한 관심이 부쩍 높아졌다. 더욱이 2016년 봄에 알파고가 이세돌 9단에게 압승을 거둔 역사적인 사건은 빅데이터 분석의 핵심 엔진인 인공지능(기계학습)의 막강한 위력(?)을 과시했다. 그 이후에 기업의 비즈니스를 디지털화해 전략적 차원에서 혁신을 구체화하기 위한 움직임이 가속화되기 시작했다.

이 책에서는 비즈니스 전반을 디지털로 혁신하는 전략을 디지타이징 비즈니스라고 이름을 붙였지만, 기업에 따라서는 다양한 이름을 사용하기도 한다. 예를 들어 기업들은 디지털 트랜스포메이션digital transformation, 디지털 이노베이션digital innovation, 디지털라이제이션digitalization, 디지털 디스럽션digital disruption 등의 용어도 사용하고 있다. 이 책에서는 디지타이징 비즈니스라는 용어를 주로 사용하겠지만, 디지털 혁신 · 디지털 변환 · 디지털 전환도 맥락에 따라 혼용할 것이다.

둘째, 기업의 경영진은 데이터 분석적으로 경영을 한다는 마인드, 즉 분석 지향 리더십으로 무장해야 한다. 디지타이징 비즈니스의 승패를 결정짓는 가장 중요한 요소는 바로 분석 지향의 리더십이다. 리더가 데이터 분석적 경영의 잠재력을 절감하고 적극적으로 추진할 때 디지타이징 비즈니스의 성공 가능성이 높아지기 때문이다. 데이터 분석적으로 경영을 한다는 것은 대부분의 비즈니스 문제를 데이터 분석에 근거해 해결하려는 것을 의미한다. 구체적으로는 문제와 관련된 데이터를 체계적으로 수집해 통계 모델로 분석하고 어떤 일이, 왜 벌어지고 있는지에 대한 통찰력을 끄집어낸 뒤 이를 경영 전략 수립과 의사결정에 적극적으로 활용하는 것이다. 이는 과거의 경험이나 직관이 아니라 바로 데이터, 즉 사실에 근거해 의사결정을 하는 것이다.

셋째, 분석 지향 리더십의 주도하에 기업 내의 모든 구성원이 데이터에 근거한data-driven 의사결정을 일상화할 수 있는 기업 문화를 조성해야 한다. 디지타이징 비즈니스가 성공하려면 수많은 조직 구성원의 태도, 프로세스, 행동과 기술이 변해야 하는데 이런 변화는 결코 우연히 일어나지 않는다. 조직 문화가 분석 지향적으로 변화하려면 리더의 압력, 즉 리더가 구성원들에게 데이터에 근거한 의사결정을 하라는 독려가 절대적으로 필요하다.

구글, 애플, 아마존, 이베이, 넷플릭스 등 유명한 글로벌 기업이 갖는 공통점은 무엇일까? 이 기업들은 데이터 분석적 경영으로 최고의 경쟁력을 구가하고 있고, 그 배후에는 분석 지향적인 조직 문화를 구축하고 일상화한 리더가 있다. 이 리더들의 공통된 신념은 "우리는 신을 믿는다. 그러나 (신이 아닌) 모든 다른 사람은 (근거가 되는) 데이터를 제시해야 한다In God we trust, but all others must bring data"는 유명한 문구다.

이 책에서는 빅데이터 리더십, 즉 빅데이터 시대에 성공을 보장하는 리더십을 다룰 것이다. 제1장에서는 리더는 무엇을 리드하고 성공적인 리더는 어떻게 이끄는지를 다룬다. 제2장에서는 왜 데이터 분석적 경영을 해야 하는지를 설명한다. 제3장에서는 빅데이터 리더십의 정의와 사례를 제시한다. 제4장에서 제8장까지는 디지타이징 비즈니스의 유형을 7가지로 구분하고 각 유형별 사례를 설명한다. 제9장에서는 우리 기업의 현실과 문제점을 지적한다. 마지막으로 제10장에서는 이를 극복하기 위한 빅데이터 리더십 로드맵을 제시한다. 많은 기업이 비즈니스를 디지털화해 전략적 차원에서 혁신을 구체화하려는 움직임을 보이고 있는 이 시점에서 이 책이 많은 경영자에게 훌륭한 지침이 되길 바란다.

차례

제9장 빅데이터 테마를 어떻게 선정할 것인가?

제10장 빅데이터 리더십 로드맵

새로운 세계에서는 큰 물고기가 작은 물고기를 잡아먹는 것이 아니라 빠른 물고기가 느린 물고기를 잡아먹는다.

★ 클라우스 슈바프Klaus Schwab(다보스포럼 회장)

프롤로그

빅데이터와 인공지능

사람들은 빅데이터, 인공지능, 제4차 산업혁명 등의 용어들이 내포하는 개념이 무엇이 같고, 다른지에 대해 궁금해한다. 여기에서는 이것들의 동질적인 부분과 차이에 대해 알아본다. 빅데이터에 대한 정의는 논란이 있으나 일반적으로는 너무 크고, 구조화되어 있지 않으며, 연속적으로 유입되기 때문에 기존의 IT로는 처리하기가 상당히 어려운 데이터를 의미한다.

하지만 빅데이터는 〈표 1〉에서 볼 수 있듯이 어느 산업 분야에서, 어떤 소스source에서 유입되는, 어떤 형태의 데이터 혹은 그 결합에 대해서, 무슨 목적으로 분석을 하느냐에 따라 다양한 조

〈표 1〉 빅데이터 조합

산업 분야	데이터 소스	데이터 형태	사용 목적
제조	상품 · 서비스 거래	대규모	고객 분석
의료 서비스	이미지 · 동영상	비구조적	소셜미디어 분석
금융 · 보험	센서	연속 유입	공급 체인 분석
유통(온 · 오프)	모바일 · 온라인	결합	공장 · 설비 관리
여행 · 수송	소셜미디어		가격 최적화
미디어 · 연예			이상 · 사기 탐지
전기 · 통신			주식 · 채권 관리

합이 가능하다.[1]

빅데이터 분석은 기업이 각 열에서 하나씩 선택하는 것으로 시작된다. 예를 들어 온라인 소매기업이라면 연속적으로 유입되는 모바일 · 온라인 로그 데이터를 고객 분석을 위해 활용하는 경우가 대부분일 것이다. 제조기업은 플랜트 · 설비에 설치된 무수한 센서에서 연속 유입되는 대규모 데이터를 공장 · 설비의 효율을 향상시키기 위해 분석하는 경우가 일반적일 것이다. 〈표 1〉은 빅데이터 시대에는 그야말로 모든 산업의 모든 기업에서 다양한 목적을 달성하기 위해 빅데이터 분석을 활용할 수 있음을 시사한다.

구체적으로는 기업들이 다양한 데이터 혹은 그 결합connected을 이제는 필수적인 도구가 된 클라우드 컴퓨팅을 활용하고(인프라, 플랫폼, 소프트웨어), 적절한 기계학습machine learning으로 자동으로 인사이트를 추출해 현명한 의사결정에 활용하는 것이다. 여기에서 사용되는 기계학습은 데이터 분석의 핵심 엔진이다.

인공지능은 무엇이며 어떻게 발전해왔을까? 인간처럼 사고하고, 행동하고, 판단하는 기계를 만들고자 한 강한strong 인공지능 분야는 60여 년 전에 매우 야심차게 시작되었다. 1956년에 다트머스 회의Dartmouth Conference에 참석한 존 매카시John McCarthy, 마빈 민스키Marvin Minsky, 허버트 사이먼Herbert Simon 등 당대의 인공지능 석학들은 "앞으로 20년 내에 로봇이 인간이 하는 것은 무엇이든지 한다!"고 공공연하게 예언하기도 했다.

하지만 그런 기대는 크게 빗나갔고, 인공지능 분야는 몇 번의 암흑기를 거치면서 이제는 협소한 영역에서 실용적인 결과를 내는 약한weak 혹은 좁은narrow 인공지능에 초점을 맞추기 시작했다. 약한 인공지능은 미리 정의된 특정한 형태의 문제 해결에서 눈부신 성과를 내기 시작했는데, 기계학습이 대표적이다. 기계학습은 데이터 속에서 일관된 패턴을 찾아내(학습해) 이를 바탕으로 문제를 해결하는 알고리즘을 말한다.

현실에서 많은 문제(스팸 제거, 글자 · 음성 · 이미지 인식, 검색엔진, 물류 관리, 개인화 추천, 자율주행 자동차 등)가 수작업으로 프로

그래밍할 수 없다. 예를 들어 스팸을 제거하는 스팸 필터에 사용하는 단어의 수는 1만 개 이상이다. 특정 단어 하나가 들어가 있는 메일인지를 프로그램하는 데에 약 1만 줄line의 프로그램이 필요하고, 두 단어의 조합은 약 5,000만 줄line의 프로그램이 필요하다. 여러 단어의 조합을 감안하면 현실적으로 스팸 필터를 프로그램으로 짠다는 것은 불가능하다. 이런 경우에 프로그램을 짜지 않고도 컴퓨터 알고리즘이 이메일과 스팸이 뒤섞인 데이터 속에서 스스로 학습해 스팸을 구분할 수 있는 능력을 갖는 것이다.

약한 인공지능은 〈그림 1〉에 나타난 바와 같이 언어 지능, 시각 지능, 공간 지능, 감성 지능, 요약 · 창작의 5대 영역에서 미리 정의된 특정한 형태의 문제를 푸는 것이다. 인공지능의 시대라고 말할 정도로 현재 약한 인공지능은 여러 분야에서 눈부시게 활약하고 있는데 그 이유는 자명하다. 약한 인공지능은 학습을 위해 많은 양의 데이터와 이를 처리할 수 있는 기술(하드웨어와 소프트웨어)이 필요한데, 엄청난 양의 다양한 데이터가 폭증하고 클라우드와 오픈소스 소프트웨어가 쉽게 접근 가능한 빅데이터 시대에 이르러 그야말로 찰떡궁합으로 높은 성과를 내고 있다.

이제 인공지능은 일상생활을 포함하는 거의 모든 영역에서 유용하게 활용되고 있다. 동사무소에 인감증명을 뗄 때 본인 확인을 위한 지문 감식, 스팸 메일 구분과 제거, 오타를 쳐도 제대로 찾아주는 검색 엔진, 자동 번역 · 통역, 고객 분류, 온라인에서 도

〈그림 1〉 빅데이터와 약한 인공지능의 결합

서 · 음악 · 영화 · 상품 등에 대한 개인화 추천, 문자 · 물체 인식, 음성 인식, 물류 관리, 최적 레이아웃, 전자회로 설계와 제작, 이상 탐지, 기후 모델링, 복합성 질환 분석 등이다.

앞으로도 인공지능은 더 넓은 영역에서 더욱 세세한 문제에 이르기까지 그 적용이 확장되면서 높은 성과를 낼 것이다. 바야흐로 인공지능의 시대가 도래한 것이다. 심지어 2016년 미국 대선을 앞두고 거의 모든 여론조사가 힐러리 클린턴Hillary Clinton의 승리를 예상했지만, 인공지능 모그IA의 예측은 달랐다. 모그IA는 트위터, 구글, 페이스북, 유튜브 등에서 수집한 2,000만 건의 데이터를 기반으로 검색어 추이와 후보자들에 대한 '관여도engagement'를 분석해 도널드 트럼프Donald Trump의 승리를 예측했다.

빅데이터와 제4차 산업혁명

제4차 산업혁명은 2016년에 개최된 다보스포럼에서 다루면서 일약 글로벌한 유행어가 되었다. 다보스보럼의 회장인 클라우스 슈바프Klaus Schwab가 쓴 『제4차 산업혁명』이라는 책에는 제4차 산업혁명의 여러 방법론이 제시되고 있다. 이 책에서 제시된 방법론들을 빅데이터 분석의 체계에서 정리하면 〈표 2〉와 같다.

〈표 2〉에서 볼 수 있듯이 제4차 산업혁명은 제조업을 중시하는 독일의 인더스트리4.0을 모태로 해서 제조업을 중심으로 스마트 공장을 구현하기 위한 방법론으로 볼 수 있다. 그러므로 이미 앞에서 제시한 〈표 1〉에서 제조업을 중심으로 한 연결고리를 갖고 있다. 실제로 빅데이터 분석을 주도하는 미국 실리콘밸리에서는 제4차 산업혁명이라는 용어를 사용하지도 않는다. 그들이 하고 있는 빅데이터 분석 속에 이미 제4차 산업혁명이 제조업에서 특정한 형태로 진행되고 있어 별도의 용어로 부르지 않는 것이다.

산업혁명은 새로운 것이 등장하면서 생산성이 극적으로 향상될 때 이름을 붙인다. 19세기 초 제1차 산업혁명은 증기기관의 발명, 20세기 초 제2차 산업혁명은 전기의 발명과 대량생산 체제 구축, 20세기 후반부터 일어난 제3차 산업혁명은 ICT 혁명을 말

〈표 2〉 제4차 산업혁명의 방법론

항목	해당 빅데이터 영역
체내 삽입형 기기, 디지털 정체성, 사물인터넷	데이터 소스
커넥티드 홈, 스마트 도시, 스마트 공장	데이터 결합
누구나 사용할 수 있는 저장소	데이터 저장
빅데이터를 활용한 의사결정, 인공지능과 의사결정	데이터 분석
새로운 인터페이스로서의 시각, 웨어러블 인터넷, 유비쿼터스 컴퓨팅, 주머니 속 슈퍼컴퓨터	인터페이스
자율주행 자동차, 로봇공학과 서비스, 비트코인과 블록체인, 공유경제, 3D 프린팅, 신경기술	산출물 (서비스와 제품)

한다. 하지만 '제3차 산업혁명을 산업혁명으로 봐야 하느냐'를 두고도 아직까지 학자들 간의 의견이 엇갈리고 있다. 왜냐하면 생산성의 극적인 향상이 이루어지지 않았기 때문이다.

이미 몇 년 전에 다보스포럼에서 빅데이터, 소셜미디어, 사물인터넷 등의 주제를 다루었다. 그런데 갑자기 2016년에 난데없이 내건 제4차 산업혁명이라는 말에 의아해하는 전문가가 많다. 「"AI가 이끌 4차 산업혁명? 그런 건 없다"」[2], 「관官이 낳은 버블 한국에만 있는 4차 산업혁명」[3] 등의 기사는 그런 비판적인 시각을 대변하고 있다.

이 기사들의 요점은 제4차 산업혁명이 국가적 차원에서 화두가 된 나라는 전 세계적으로 한국밖에 없다는 것이다. 아마도 그것은 알파고가 이세돌 9단에게 압승을 거둔 역사적인 사건과 2017년 5월에 대통령 선거에서 대선후보들이 제4차 산업혁명을 미래 성장 동력으로 내세우며 각종 관련 공약을 앞다퉈 내놓으면서 더욱 불이 붙었다.

개념도 실체도 명확하지 않은 제4차 산업혁명에 대한 한국의 이상 열기에 대해 이장우 교수(경북대학교 경영학부)는 "우리의 추격자적 본능이 발현돼 '4차 산업혁명'이라는 개념과 내용을 긴급 수입한 것"이라고 지적하기도 했다. 클라우스 슈바프는 그의 책에서 제4차 산업혁명을 "제3차 산업혁명을 기반으로 한 디지털과 생명공학, 물리학 등을 융합하는 기술혁명"이라고 정의했다. 하지만 역사적으로 볼 때 융합은 언제나 일어나고 있어 새롭게 산업혁명이라고 이름 붙이는 것은 부적절하다는 것이 우리의 생각이다.

빅데이터와 의사결정

빅데이터, 인공지능, 제4차 산업혁명의 개념과 영역 간의 차이를 요약해보자. 빅데이터 분석과 약한 인공지능은 기업의 구체적인 문제를 푼다는 측면에서는 동전의 양면과 같은 것으로 볼 수 있다. 반면에 약한 인공지능을 데이터에서 인사이트를 추출하는 기법으로만 한정해 해석한다면, 빅데이터 분석에서 가장 중요한 핵심 엔진 부분으로만 볼 수도 있을 것이다.

제4차 산업혁명은 주로 제조업의 센서 데이터를 중심으로 효율성 향상과 스마트 공장을 구현하기 위해 빅데이터 분석과 인공지능을 활용하는 것으로 인식하면 큰 무리가 없을 것이다. 연구자에 따라서는 모든 산업에 걸쳐 다양한 데이터의 결합에서 인공지능을 기반으로 고객에 대한 새로운 기회(서비스와 제품)를 제공하는 것으로 제4차 산업혁명을 정의하기도 한다. 이런 시각에서는 빅데이터와 제4차 산업혁명 역시 동전의 양면과 같은 개념이 된다.

빅데이터, 인공지능, 제4차 산업혁명의 가장 큰 공통점은 바로 데이터에 근거하고data-driven 사실에 근거한fact-based 의사결정에 깊게 뿌리를 내리고 있다는 점이다. 〈표 3〉은 데이터를 활용하는 측면에서 의사결정 유형을 4가지로 구분한 것이다.

데이터 거부 유형은 데이터 자체를 불신하며, 데이터 무관심 유형은 데이터를 불신하지는 않지만 그렇다고 활용하려는 의사가 있는 것은 아니고, 데이터 편식 유형은 자신의 의도를 지지하는 경우에만 데이터를 활용한다. 반면에 데이터 기반 유형은 모든 의사결정의 근거로 데이터를 적극적으로 활용한다.

〈표 3〉 의사결정 유형

데이터 거부	데이터 무관심	데이터 편식	데이터 기반
데이터 불신 사용 회피	데이터 무관심 활용 의사 없음	자신의 의사결정을 지지하는 경우에만 데이터 활용	모든 의사결정의 근거로 데이터 적극적 활용

앞으로 데이터는 점점 많이, 훨씬 빠른 속도로 축적될 것은 자명하다. 그리고 이러한 빅데이터를 처리하고 분석해 의사결정에 활용하려는 추세 역시 거스를 수 없는 흐름이다. 따라서 모든 의사결정에 데이터를 적극적으로 활용하기만 한다면, 그것을 빅데이터 · 인공지능 · 제4차 산업혁명 중에서 어떤 이름으로 불린다고 하더라도 장기적으로는 높은 성과를 낼 수 있을 것이다.

제1장

리더십은 비전을 현실로 바꾸는 능력이다

창의와 혁신이 기업의 미래 경쟁력을 좌우한다.

★ 앨빈 토플러Alvin Toffler(미래학자)

성공한 기업은 과거에 누군가가 용감한 결정을 한 기업이다.

★ 피터 드러커Peter Drucker(경영학자)

진주를 찾으려면 물속으로 잠수해야 한다.

★ 존 드라이든John Dryden(시인)

리더는 무엇을 리드하는가?

리더는 조직이나 기업을 이끄는lead 사람이다. 리더가 조직이나 기업을 이끌기 위해 하는 일 중에서 가장 중요한 일은 의사결정이다. 1986년에 미국 펜실베이니아대학 경영대학원(와튼스쿨)의 MBA 학생을 대상으로 CEO를 상징하는 단어나 문구를 조사한 적이 있었다. 학생들이 적어낸 많은 단어나 문구 중에서 1위를 차지한 것은 '정상에서 외로운lonely at the top'이라는 문구였다. 저명한 리더십 연구자이자 『아메리칸 제너럴십American Generalship』의 저자인 에드거 퍼이어Edgar Puryear도 리더십의 요체는 의사결정이라고 단언했다.

결국 리더는 마지막에 자신이 외롭게 홀로 의사결정을 내려야 하는 사람이다. 사실 기업 경영은 의사결정의 연속이며 의사결정의 성공 혹은 실패가 기업의 성과와 심지어는 흥망을 좌우한다. 단 한 번의 잘못된 의사결정으로 엄청난 시련을 겪거나 단 한 번의 현명한 결정으로 크게 도약했던 기업의 사례를 현실에서 쉽게 찾을 수 있다.

기업의 목표는 경쟁우위를 확보 · 유지해 높은 성과를 올리는 것이다. 제너럴일렉트릭GE의 전前 회장이자 전설적인 CEO인 잭 웰치Jack Welch는 "경쟁우위가 없다면 경쟁을 하지 마라"는 유명한 말을 남겼다. 그러므로 리더는 당연히 기업의 경쟁우위를 높이는 방향으로 모든 의사결정을 한다. 그렇다면 경쟁우위는 어떻게 달성할 수 있을까? 아래의 글이 훌륭한 답이 된다.

"어떤 나라가 전쟁에서 이기는 것은 상대 나라보다 좀더 용감해서, 좀더 자유로워서, 혹은 신의 총애를 약간 더 받아서가 아니라는 점이다. 보통은 비행기가 5퍼센트 덜 격추되는 쪽, 연료를 5퍼센트 덜 쓴 쪽, 혹은 보병들에게 95퍼센트의 비용으로 5퍼센트 더 많은 영양을 지급하는 쪽이 이긴다.……그리고 이것은 한 단계 한 단계가 다름 아닌 데이터 분석이다."[1](이 책의 원문에는 '수학'이라고 되어 있지만, 문맥의 편의상 '데이터 분석'으로 의역했다.)

기업의 경쟁우위는 비즈니스의 다양한 영역에서 1~2퍼센트를 증대시키거나 감소시키는 것이다. 예를 들면 원가, 수율收率,

이상 탐지, 새로운 기회 포착 등의 측면에서 경쟁사보다 1~2퍼센트를 높이거나 감소시키는 것이 바로 경쟁우위다. 그리고 기업 내외부에 데이터가 넘쳐나는 빅데이터 시대에는 그러한 경쟁우위를 달성할 수 있는 안성맞춤의 수단이 바로 데이터 분석이다.

데이터 분석을 통해 고객과 시장에 대한 인사이트를 추출하고, 그것을 바탕으로 현명한 의사결정을 할 때 지속가능한 경쟁우위를 창출할 수 있다. 더욱이 저성장 속에서 경쟁이 더욱 격화되고 있는 현 시점에서는 경험이나 직관이 아니라 데이터 분석에 근거해 의사결정을 하는 것은 매우 중요하며, 이제 데이터 분석에 근거하지 않은 의사결정은 내릴 가치가 없다.

경영 전략의 대가인 미국 하버드대학의 마이클 포터Michael Porter 교수는 "남들보다 낮은 비용, 남들이 무관심한 틈새시장, 남들이 쉽게 모방할 수 없는 차별성"을 기업 경쟁력의 3가지 원천source으로 지목했다. 이 3가지 원천의 바탕은 역시 데이터 분석이다. 낮은 비용과 틈새시장은 시장과 고객에 대한 데이터의 정밀한 분석에서 나오는 인사이트에서 찾을 수 있다. 남과 다른 차별성 역시 남들이 쉽게 모방할 수 없는 데이터 분석의 경험과 기계학습 알고리즘에서 나온다.

예를 들어보자. 세계 최대 물류기업인 UPS는 220여 개국에서 약 800만 고객에게 하루 1,500만 개의 소포를 배달하기 위해 다양한 화물의 선적, 이동 경로, 운행 상황을 실시간 모니터하고 통제한다. 미국 내에서만 6만여 대 차량에 장착된 GPS, 센서, 무선 모듈은 속도, 방향, 브레이크와 동력 전달의 효율 등 트럭 운행 상태에 관한 200여 개의 정보를 전송하는데 그 데이터의 양만 해도 하루에 15페타바이트PB에 달한다.

UPS의 운행 통제 시스템인 '실시간 통합 최적화 시스템On-Road Integrated Optimization and Navigation, ORION'은 이 데이터를 자동 분석해 화물의 수거와 배달을 위한 최적의 노선을 실시간 통제하는데, 한 노선에 대해 약 20만 개의 대안 노선 중에서 이동경로를 최적화한 노선을 선택한다. 이러한 노력 덕분에 하루에 차량 1대당 1.6킬로미터의 주행거리를 단축하면 연간 1,100만 리터의 연료와 약 5,300만 달러의 비용이 절약된다. 또한 차량의 불필요한 후진과 공회전 시간 감소 등으로 절약되는 비용과 엔진 고장에 대한 사전 예측으로 적시에 필요한 부품을 교체함으로써 절약되는 비용은 각각 수천만 달러에 이른다.

기업은 경쟁우위를 확보하기 위해 데이터 분석이 아닌 다른 수단을 활용할 수도 있다. 하지만 이제는 전통적으로 기업에 경쟁우위를 제공하던 수단들이 거의 무용지물이 되었다. 우선 지리적 이점이나 시장 보호를 위한 규제 등은 글로벌 경제가 성숙됨에 따라 사라졌다. 고객들의 성향도 소비 경험을 중시하는 방향으로 변화함에 따라 단순한 기능 차이에 의한 차별성은 더는 기대하기 힘들어졌다. 따라서 경쟁우위는 제품이나 서비스의 획기적인 혁신에서 찾아야 하는데, 현실에서 획기적인 혁신을 달성하기란 매우 어렵다. 또한 독점적 기술 역시 개발하기도 매우 어려울 뿐만 아니라 개발에 성공한다고 하더라도 급속하게 복제되는 것이 현실이다.

이런 상황에서 차별적 경쟁우위를 달성하기 위한 유력한 방법은 경영의 효율성을 높이고 현명한 의사결정을 하는 것이다. 이런 목적을 달성하는 데 데이터 분석은 안성맞춤의 도구가 된다. 모바일, 센서, 소셜미디어 등으로 인해 고객과 시장에 대한 데이터는 크게 늘어나고 있고, 데이터를 저장·처리하고 분석해주는 하드웨어와 소프트웨어의 기능과 접근 편리성이 크게 확장되었기 때문에 데이터 분석을 전략적으로 활용하지 못한다면 경쟁에서 뒤처질 수밖에 없다.

특히 산업별로는 금융, 운송, 여행, 온라인 사업 등과 같이 많은 거래 데이터를 쉽게 축적·활용할 수 있는 산업에서뿐만 아니라 측정의 어려움이 있는 사업 영역에서도 데이터 분석을 바탕으로 경쟁우위를 높일 수 있는 잠재력을 갖고 있다. 기업 내부적으로는 전통적으로 계량적 분석과 밀접한 재무, 회계, 마케팅, 생산 분야에서뿐만 아니라 인사관리HR, 연구개발R&D, 인수합병M&A 등 기업 내 거의 모든 분야에서 운영의 효율을 높이고 현명한 의사결정을 하는 데 활용될 수 있다.

데이터가 폭증하는 빅데이터 시대에 구글이나 아마존 등 많은 세계적인 기업은 철저한 데이터 분석에 근거한 의사결정으로 독보적인 경쟁우위를 굳히고 있다. 이 기업들은 많은 데이터를 체계적으로 수집·관리하고, 그로부터 문제의 핵심을 파악할 수 있는 정보를 추출해 이를 기업 전체의 차원에서 의사결정에 적극적으로 활용함으로써 차별적인 경쟁우위를 확보한다. 이렇듯 데이터 분석을 경영 전략의 핵심으로 삼으려는 추세는 거스를 수 없는 경영의 흐름이다. 경쟁의 심화와 고객 기대의 증대, 데이터의 홍수 속에서 합리적으로 경영을 하려면 정교한 분석을 바탕으로 한 의사결정이 필수적이기 때문이다.

성공하는 리더는 어떻게 이끄는가?

리더가 어떻게 해서 성공했는지 연구하기 위해서는 이미 성공한 리더들의 행동을 연구해 인상적인 특징이나 공통점을 찾아내는 귀납적 접근 방법이 가장 많이 쓰인다. 여기에서는 그와는 반대의 접근 방법, 즉 바람직한 리더는 이런 모습이어야 한다는 연역적 판단을 바탕으로 성공하는 리더는 어떻게 이끌어야 하는지 제시한다. 리더십 연구에 오랫동안 천착한 리더십 전공학자가 아닌 우리로서는 성공하는 리더에 대한 이런 규범적 접근이 더

〈표 1〉 리더의 유형

	부지런한 리더	게으른 리더
우둔한 리더	최악의 리더	
똑똑한 리더		최고의 리더

적절하기 때문이다.

사람들이 어떤 리더가 바람직한지를 이야기할 때 농담처럼 예로 드는 사례가 있다. 그것은 〈표 1〉과 같이 리더를 부지런함과 게으름, 우둔함과 똑똑함의 두 차원으로 구분한 것이다. 〈표 1〉에서 사람들이 최악이라고 평가하는 리더는 부지런하고 우둔한 리더다. 부지런해서 모든 일에 직접 관여하면서 만기친람萬機親覽하지만 우둔해서 일을 망치기 때문이다. 반면에 사람들이 최고로 평가하는 리더는 똑똑하지만 게으른 리더다. 게을러서 중요한 일만 겨우 챙기는(?) 정도지만, 똑똑해서 최적의 방향과 대안을 제시해 성과를 내기 때문이다. 사람들이 농담처럼 이야기하는 사례지만, 그 속에는 리더의 덕목에 관한 예리한 시각이 들어 있다. 그리고 이런 시각은 약 2,500년 전의 현자인 노자老子에게도 확인된다. 노자는 『도덕경』에서 리더의 유형을 다음과 같이 구분했다.

최고의 리더는 아랫사람들이

(리더가) 있다는 것을 알기만 하는 리더, 太上 下知有之

그 아래는 아랫사람들이 좋아해 칭송하는 리더, 其次 親而譽之

그 아래는 아랫사람들이 두려워하는 리더, 其次 畏之

그 아래는 아랫사람들이 업신여겨 깔보는 리더. 其次 侮之[2]

노자가 생각하는 최악의 리더는 사람들이 업신여겨 깔보는 리더다. 최악의 리더 바로 위는 사람들이 두려워하는 리더다. 한국의 굴곡 많았던 현대사를 겪은 사람들은 저마다 여기에 해당한다고 생각하는 리더를 떠올릴 수도 있을 것이다. 일반적으로 사람들이 최고라고 생각하는 리더는 좋아해 칭송하는 리더다. 하지만 노자가 최고로 꼽은 리더는 사람들이 자신들의 리더가 있다는 것만 아는 리더다. "우리 회사 사장이 누구더라? 아, 맞아. ○○○지" 하는 정도다.

그렇다고 이 리더가 정말 아무 일도 하지 않는다면, 최고의 리더가 될 수 없다. 이 리더는 자신이 나서지 않더라도 이미 모든 일이 매끄럽게 진행되도록 체계를 갖춰놓는다. 〈표 1〉에서처럼 게을러서 중요한 일만 겨우 챙기고 그래서 사람들에게는 리더가 잘 안 보이지만(있다는 것만 아는 정도지만), 그는 똑똑해서 모든 일이 제대로 잘 돌아가는 시스템을 갖춰놓는다. 우리도 이런 시각에 근거해 어떻게 이끌어야 리더가 성공할 수 있는지 제시한다.

성공하는 리더가 되기 위해서는 첫째, 비전을 잘 제시해야 한다. 둘째, 이 비전을 실현하기 위한 체계를 적절히 갖춰야 한다. 셋째, 직원들이 비전과 체계 속에서 최선의 능력을 발휘할 수 있도록 임직원 교육에 아낌없이 투자해야 한다.

빅데이터 시대에 성공을 보장하는 리더십

비전 기업 경영에서 비전은 시장의 미래 트렌드를 예측하고 그에 따른 계획을 수립하는 능력으로 정의된다. 좀더 쉽게 말한다면 비전이란 5년 혹은 10년 후에도 자신의 기업이 경쟁우위를 확보 · 유지할 수 있는 방향을 제시하는 것이다. 기업 환경과 기술, 고객의 선호가 급속하게 변하고 있는 빅데이터 시대에 현재의 성공은 결코 미래를 보장하지 못한다. 노키아, 소니, 야후 등의 급격한 몰락이 대표적인 사례다. 리더는 사회, IT, 산업 내의 트렌드, 경쟁 환경 등의 거시적인 변화가 자신의 사업에 미칠 영향과 구체적인 대응 방안을 지속적으로 고민해야 한다.

시스코시스템스Cisco Systems의 회장 존 챔버스John Chambers는 "새로운 기술과 환경에 적응하기 위해 전체 기업을 어떻게 변화시킬 것인지 알아내지 못한다면, 앞으로 10년 내에 모든 기업의 최소한 40퍼센트는 사라질 것이다"고 예측했다. IT 산업을 보더라도 IBM, 마이크로소프트, 오라클, 시스코 등의 글로벌 기업은 한때 세계 최고를 구가했지만 현재는 그 지위를 유지하는 데 큰 어려움을 겪고 있다. 이와는 대조적으로 구글, 아마존, 애플 등의 약진은 매우 두드러진다.

똑똑한 리더는 비전을 세우는 것에서부터 남다르다. 시장과 고객의 트렌드를 예측해 그에 맞는 비전을 추구한다. 소셜미디어, 모바일, 사물인터넷, 클라우드, 빅데이터 등이 다양하게 결합되고 있는 빅데이터 시대에 안성맞춤의 비전은 바로 디지타이징 비즈니스로 자신의 사업을 혁신하는 것이다.

인프라 구축 유명한 리더십 학자인 워런 베니스Warren Bennis가 설파했듯이 "리더십은 비전을 현실로 바꾸는 능력"이다. 성공적인 리더는 비전을 잘 세우는 것은 물론 그 비전이 달성될 수 있도록 체계를 효과적으로 구축한다. 그래야만 리더가 게을러서 아랫사람들이 리더가 있다는 것만 겨우 아는 상태에서도 기업은 비전을 향해 매끄럽게 굴러간다. 하지만 대부분의 임직원이 경험과 직관을 바탕으로 의사결정을 하는 풍토가 만연한 기업 현실에서 디지타이징 비즈니스를 실현하는 체계를 갖추는 것은 쉽지 않다.

데이터 분석의 최고 권위자인 토머스 대븐포트Thomas Davenport 교수는 디지타이징 비즈니스의 성공 요인으로 '델타DELTA+조직문화' 모델을 제시했다. 델타는 접근 가능한 고품질의 데이터Data, 분석에 대한 전사적Enterprise 관점, 분석 지향의 리더십Leadership,

분석을 적용할 전략적 타깃Target, 전문 분석가들Analysts을 말한다. 이 중에서 디지타이징 비즈니스의 성공을 결정짓는 가장 중요한 요소는 바로 분석 지향의 리더십과 조직 문화다. 수많은 조직 구성원의 태도, 프로세스, 행동과 기술의 변화는 리더가 비전의 실현에 대해 절실하게 느끼며 적극적으로 추진할 때만 도입이 가속화될 수 있다. 그뿐만 아니라 조직 문화도 데이터 분석에 근거한 의사결정 방식으로 바꿀 수 있다.

교육 기업의 모든 활동은 직원들에 의해 수행되므로 디지타이징 비즈니스의 성패는 직원들의 역량에 좌우될 수밖에 없다. 물론 교육 역시 인프라 구축에 포함될 수 있지만, 그 중요성이 크기 때문에 별도의 요소로 구분했다. 먼저 데이터 분석에 필요한 기술 측면에서 기업 구성원을 직원, 분석 전문가, 경영층의 세 그룹으로 구분해 각 그룹별로 교육 이슈를 논의해보자.

첫 번째는 보통 직원들로 일반 사원에서 부장에 이르기까지 기업의 실무에서 실제로 다양한 분석 기능을 수행하는 집단이다. 기업이 디지타이징 비즈니스로 경쟁하기 위해서는 일반 사원들도 기본적으로 분석적 소양을 갖춰야 하는 것이 당연하다. 문제는 분석적 소양과 관련해 보통 직원들은 매우 제한된 지식을 갖고 있다는 것이다.

그러므로 직원들의 분석 능력, 즉 분석적·통계적 사고력을 향상시켜주는 교육이 필요하다. 단순한 지식 전달을 위한 교육보다는 업무에서 느낀 다양한 문제를 데이터 분석적으로 해결하는 능력을 배양해야 한다. 실무에서 현안 과제를 개인 혹은 팀의 데이터 분석 프로젝트로 선택해 이론 학습, 토론, 실습, 프로젝트 수행, 발표와 보고서 작성 등의 과정을 거치는 교육 프로그램이 가장 좋다. 이런 교육 프로그램에 대해서는 나중에 자세히 다루겠다.

두 번째로 분석 전문가 집단은 기업 내에서 데이터를 수집 · 관리하고 다양한 분석과 해석을 통해 경영층에 전략적 조언을 하는 집단이다. 이들은 수학, 통계학, 컴퓨터공학 등 관련 전문 분야의 석 · 박사 학위 소지자로서 이미 해당 지식에 능통하므로 이들을 위한 별도의 교육은 필요없다.

하지만 이런 전문가들을 실제로 고용할 것인지, 필요할 때마다 아웃소싱으로 해결할 것인지 결정해야 한다. 가장 바람직한 방법은 직원들 중에서 적합한 사람들을 골라 전문적인 교육을 받도록 위탁교육을 하는 것이다. 전문 분석가들에 대한 수요는 많고 공급은 부족한 현실에서 적당한 인재를 채용하는 것이 매우 어렵기 때문이다.

빅데이터에 관한 2011년 「매킨지 보고서Mckinsey Global Institute's Report on Big Date」는 미국에서 분석 능력을 갖춘 사람들이 2018년까지 150만 명 정도 부족할 것으로 예상하고 있는데, 이러한 공급 부족 현상은 한국에서도 마찬가지다. 더군다나 이런 인재를 운 좋게 채용할 수 있다고 하더라도 이들이 해당 사업과 데이터의 특성에 익숙해지려면 시간이 많이 걸려 채용하자마자 바로 실무를 하기에도 어렵다. 아웃소싱으로 전문가를 초빙한다고 해도 역시 같은 문제에 직면한다.

마지막으로 경영층은 디지타이징 비지니스가 경쟁력의 핵심임을 신봉하고, 분석 조직 · 전문 인력 · IT 설비 · 인사 평가 시스템 등의 분석 인프라를 갖추기 위해 지속적인 투자를 하면서 분석 지향적인 기업 문화를 조성하려고 노력하는 집단이다. 기업이 데이터 분석을 기반으로 경쟁하기 위해서는 경영층의 비전과 헌신이 매우 결정적이다. 무엇보다도 디지타이징 비즈니스에 대한 확신과 확고한 실행 의지, 용기를 가져야 한다.

따라서 경영층은 이런 노력과 투자를 강조하는 특강이나 세미나에 관심을 가져야 한다. 경영층이 통계학이나 다양한 분석 기법에 정통할 정도로 전문 지식을 갖춰야 할 필요는 없지만, 중요한 결정을 논의할 때 분석 결과를 이해하고 토론할 수 있는 기본적인 분석적 소양은 필요하다.

여기에서는 데이터 분석적인 측면에서 기업의 현실을 자가 진단하는 설문지를 제시한다. (〈표 2〉) '빅데이터 시대에 성공을 보장하는 리더십'의 본론에 들어가기 전에 당신의 기업이 얼마나 데이터 분석적인지를 먼저 점검해보자.

〈표 2〉 기업의 데이터 분석적 경영 진단 설문

아래의 척도를 이용해 다음의 설문에 답하시오.

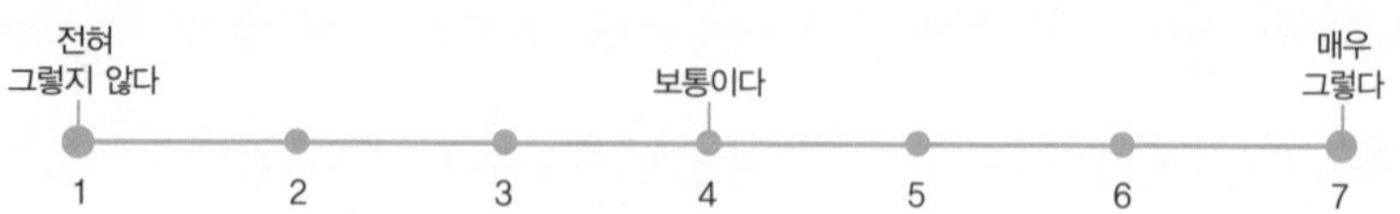

1. 리더가 평소에 업무와 관련해 데이터 분석과 활용에 대해 강조한다.
2. 기업 내에서 만들어지는 데이터를 체계적으로 수집하고 관리한다.
3. 중요한 의사결정을 논의할 때 임직원들이 데이터에 근거해 토론한다.
4. 기업 내에 직원들이 활용할 수 있는 통계 분석 솔루션이 있다.
5. 인사 고과에서 직원들의 데이터 분석적 성향과 기술 수준도 평가한다.
6. 기업 내에 데이터 분석을 전담하는 부서가 있다.

각 설문에 대한 응답을 종합한 점수에 따라 데이터 분석 측면에서 기업의 현실을 진단하면 다음과 같다(포괄적 · 상호배타적이지 않은 6개의 설문 문항에서 기업 현실을 이렇게 구분하는 것은 임의적이고 우리의 주관에 따른 것임을 밝힌다).

점수	진단
35점 이상	빅데이터 시대에 가장 이상적인 기업
25~34점	데이터 분석적 경쟁을 열망하는 기업
15~24점	부서별 국지적 데이터 분석 기업
14점 이하	데이터 분석적 경쟁에 장애가 있는 기업

제2장

빅데이터를 어떻게 분석할 것인가?

데이터를 충분히 오랫동안 고문하면, 마침내 자백할 것이다.

★ 로널드 코스Ronald Coase(경제학자)

인생에서 정말 후회하는 것은 시도를 했던 것이 아니라 대부분 시도를 하지 않았던 것이다.

★ 메흐메트 무라트 일단Mehmet Murat Ildan(시인)

빅데이터는 현재 진행되고 있는 모든 메가트렌드의 토대다. 소셜에서 모바일, 클라우드, 게임까지.

★ 크리스 린치Chris Lynch(작가)

현명한 의사결정을 위한 조건

일반적으로 의사결정은 문제점을 인식하고 이를 해결하기 위한 대안을 모색한 뒤 이를 평가해 최선의 대안을 선택하는 과정을 거친다. 의사결정자가 여러 대안을 평가할 때는 계량적 정보와 비계량적 정보를 모두 고려한다. 비계량적 정보는 문화적 · 사회적 배경이나 법적 · 정치적 요소 등에 의한 영향을 고려하는 것이다. 계량적 정보는 문제와 관련된 데이터 분석에서 추출한 정보를 말한다. 어느 정보가 더 중요한지는 의사결정의 상황에 따라 다를 수 있지만, 투명하고 합리적인 의사결정을 위해서는 계량적 정보가 더욱 중요하다. 특히 미래의 불확실성이 높고 의

〈그림 1〉 사업에 관한 6가지 근본 질문

데이터 →	무슨 일이 일어났는가?	무슨 일이 일어나고 있는가?	무슨 일이 일어날 것인가?	← 계량적 정보
	어떻게, 왜 일어났는가?	최선의 대응은 무엇인가?	최선의 상황 유도를 위한 조치는 무엇인가?	

사결정이 초래하는 파급 효과가 클수록 실제 데이터 분석에서 인사이트를 추출해 이를 의사결정에 활용하는 것이 필수적이다.

현명한 의사결정을 위해 계량적 정보가 필요하다면, 구체적으로 무엇에 관한 정보가 있어야 할까? 바로 〈그림 1〉과 같이 사업에 관한 6가지의 근본적인 질문에 답을 주는 정보다.[1] 〈그림 1〉의 6가지 근본적인 질문은 매출과 순이익 등 기업 전체 수준에서 할 수도 있고, 기업 내의 기능별이나 부문별로 할 수도 있으며, 의사결정의 상황에 따라 매우 국지적인 영역에 초점을 맞출 수도 있다. 예를 들어 공급 체인supply chain에 대해서라면 각 칸의 구체적인 물음은 〈그림 2〉와 같다.[2] 데이터 분석이 아니라 경험이나 직관에 의존하는 기업들은 주로 첫 번째 행에 대해서만 〈그림 3〉과 같이 답을 구한다.

이런 기업들은 단순 리포팅 수준의 보고를 바탕으로 과거에 무슨 일이 일어났는지 파악한다. 현재 무슨 일이 벌어지고 있는

〈그림 2〉 사업에 관한 6가지 근본 질문: 공급 체인 측면

무슨 일이 일어났는가? (주문 처리, 제품 품질, 자산 운용)	무슨 일이 일어나고 있는가? (병목, 장비 고장, 수익 변동)	무슨 일이 일어날 것인가? (수요 예측, 용량 계획, 대체 공급)
어떻게, 왜 일어났는가? (과정 통제, 품질 관리, 병목 분석)	최선의 대응은 무엇인가? (노선 동적 결정, 주문 결합, 예방 정비)	최선의 상황 유도를 위한 조치는 무엇인가? (수익 관리: 제품, 노선, 일정 최적화)

〈그림 3〉 경험과 직관에 의존하는 기업의 질문과 답변 방식

무슨 일이 일어났는가? (일상적 보고)	무슨 일이 일어나고 있는가? (경험 법칙)	무슨 일이 일어날 것인가? (외삽 추정)

지에 대해서는 경험이나 직관에서 벗어나는 이상 패턴을 인지해 경고하는 정도다. 미래에 무슨 일이 일어날 것인지는 이미 알고 있는 사실을 바탕으로 외삽법extrapolation으로 추측한다. 정교한 분석 기법을 활용하지 않아 무슨 일이, 왜, 어떻게 일어났고 최선으로 대응하려면 어떻게 해야 하는지에 대해서는 답을 구할 수 없다. 따라서 이런 방식으로 의사결정을 한다면, 현명한 의사결정이 될 확률이 크게 낮아진다.

〈그림 4〉 6가지 근본 질문에 대한 데이터 기반 분석법

무슨 일이 일어났는가? (탐구적 데이터 분석)	무슨 일이 일어나고 있는가? (이상 탐지)	무슨 일이 일어날 것인가? (다양한 예측 기법)
어떻게, 왜 일어났는가? (모델링, 실험)	최선의 대응은 무엇인가? (실시간 대응)	최선의 상황 유도를 위한 조치는 무엇인가? (개인화 추천, 최적화)

현명한 의사결정을 하기 위해서는 어떤 정보가 필요할까? 현명하다는 것은 바로 정견正見과 정사유正思惟를 할 수 있다는 의미다(불교의 팔정도八正道에서 정견과 정사유는 혜慧, 즉 지혜로움에 해당한다). 즉, 문제를 제대로 인식正見하고 그것이 왜 어떻게 일어나는지 제대로 판단正思惟할 수 있어야 현명한 의사결정에 이를 수 있다. 데이터 분석에 근거해 경쟁하는 기업들은 〈그림 4〉와 같이 각각의 근본적인 질문에 대해 정교한 분석 기법을 활용해 답을 구한다.

〈그림 4〉와 같은 심층적인 데이터 분석은 단순한 보고 수준의 정보를 훨씬 넘어서서 현명한 의사결정을 위한 깊은 지혜 혹은 통찰력을 제공해준다. 이상 징후를 미리 탐지해 즉각 대응하는 것은 물론 통계적 모델링으로 그런 일이 왜, 어떻게 발생하는지를 파악한다. 그 모델은 자동화된 인공지능으로 시스템에 장착

되어 실시간으로 대응하고 추천한다. 또한 미래 상황을 예측하고 자신이 원하는 최선의 상황을 유도하기 위해 필요한 조치를 최적화한다. 분석적 기업이 경쟁우위를 확보·유지할 수 있는 것은 이런 현명한 의사결정으로 다양한 영역에서 1~2퍼센트의 효율을 증대시키기 때문이다.

물론 이 같은 데이터 기반의 분석을 적용해 질문을 던지고 답을 구하는 과정은 생각보다 쉽지 않다. 처음 시도하다 보면 시행착오를 겪기도 하고 주변의 비웃음을 사기도 한다. 그러나 이런 혁신에 익숙해지고 나면 놀라운 변화가 일어난다. 스포츠에서 유명한 방법론 혁신 사례를 살펴보자.

역사가 된 포스베리의 높이뛰기

모바일, 센서, 소셜미디어 등으로 인한 데이터의 폭증은 그 속도가 더욱 빨라지고 있다. 인류의 역사가 시작된 이후 2년 전까지 축적된 데이터의 양은 지난 2년간 사람들이 남긴 데이터의 양과 같다고 한다. 이 속도는 더욱 가속화되어 가까운 미래에는 아마도 지난 한 달간 축적된 데이터의 양이 그 이전에 수집된 모든 데이터의 양과 같아질 것이다. 더욱이 오픈소스 프로그램과 클라우드 서비스 등으로 인해 빅데이터의 저장 · 처리 · 분석을 위한 편리한 환경이 조성되어 있다.

이런 상황에서 기업이 데이터 분석을 경쟁우위를 높이는 수단으로 활용하지 못한다면, 경쟁에서 뒤처질 수밖에 없다. 데이터에 입각한 경영, 즉 기업이 직면한 문제에 대해 관련된 자료를 수집 · 분석해 인사이트를 추출하고 이를 근거로 의사결정을 하는 경영은 이제는 미룰 수 없는 비전이다. 육상 경기 중의 하나인 높이뛰기의 유명한 혁신 사례를 보자.

육상의 필드 경기 중 하나인 높이뛰기high jump는 1896년 제1회 아테네올림픽 때부터 줄곧 정식종목이었다. 높이뛰기는 도움닫기, 도약, 공중 동작으로 바bar를 넘는 경기인데, 높이 도약하되(도약의 낭비 없이) 바를 넘을 정도만 도약하는 것이 핵심이다. 초기에는 〈사진 1〉의 ①과 같은 가위뛰기scissors jump를 사용했으나, 1912년부터는 등면뛰기western roll, 1936년부터는 〈사진 1〉의 ②처럼 스트래들straddle이 사용되었다.

그런데 1968년 멕시코올림픽에서는 미국의 딕 포스베리Dick Fosbury 선수가 〈사진 1〉의 ③과 같은 배면뛰기를 처음으로 선보여서 관중들을 놀라게 했다. 배면뛰기는 바를 향해 대각선으로 도움닫기를 하다가 도약하면서 공중에서 180도 회전해 바를 넘은 뒤 머리로 착지하는 기술이다. 이런 낯선 동작을 난생 처음 보는 관중들은 놀라움을 금치 못했고 환호를 보냈다. 더욱이 포스

〈사진 1〉 높이뛰기 방법의 변화

베리는 당시로서는 경이로운 2.24미터라는 올림픽 기록을 세우면서 금메달을 거머쥐었다.

이후 배면뛰기는 그의 이름을 따서 포스베리 플롭fosbury flop이라고 명명되었는데, 동일한 신체 조건에서 배면뛰기가 더 높은 바를 넘을 수 있다는 것은 나중에 역학적으로 증명되었다. 특히 배면뛰기는 안정된 자세로 높이 도약할 수 있는 이점과 동시에 공중에서 무게 중심이 낮기 때문에 현재는 모든 선수가 이 방법을 사용하고 있다.

높이뛰기의 역사는 포스베리의 배면뛰기로 인해 1968년 이전과 이후로 나뉜다고 한다. 포스베리는 높이뛰기에 관해 그가 배웠던 모든 지식과 기술을 버리고 거의 독학으로 새로운 기술을 연마했다. 처음에 그가 배면뛰기를 시도했을 때 그의 동작이 물고기가 배 위에서 팔딱 뛰는 것 같다는 조롱을 받기도 했다. 하지만 포스베리는 배면뛰기를 연마해 마침내 높이뛰기의 역사를 바꾸었다.

그는 어떻게 해서 남들은 시도조차 하지 않는 배면뛰기를 시작하게 되었을까?(머리로 착지하기 때문에 매우 위험하다.) 그는 변화된 기술과 환경이 최대한으로 자신에게 유리하게 작용할 수 있도록 배면뛰기를 시도했다. 높이뛰기에서 선수들이 바를 넘은 뒤 착지하는 곳에는 부상을 막기 위해 모래나 톱밥을 깔아놓았다. 그 당시까지 높이뛰기 선수들이 사용한 방법은 모두 발로 착지하거나(가위뛰기) 손발로 착지하는 것이었다(스트래들). 2미터 정도 높이에서 떨어지는 선수들에게 모래나 톱밥은 여전히 안전을 담보해주지 않았기 때문에 감히 머리로 착지한다는 것은 어느 선수도 상상조차 하지 못했다.

그런데 1960년대 중반에 고무발포로 만든 매트가 만들어져 모래나 톱밥 대신에 사용되기 시작했다. 이 매트는 부드러울 뿐만 아니라 모래나 톱밥보다 높게 만들 수 있었다. 따라서 착지할 때 선수들이 받는 충격은 거의 없었다. 포스베리는 이런 환경 변화에 맞춰 과감한 기술을 시도했다. 다른 선수들은 관성에 젖어 기존 방법을 그대로 답습할 때 그는 머리로 착지하는 새로운 배면뛰기를 시도했던 것이다. 그리고 그의 시도는 높이뛰기 역사를 바꾼 성공으로 이어졌다.

포스베리의 사례가 시사하는 바는 명확하다. 이미 우리 곁에 와 있는 미래의 기술과 환경 변화를 기업이 혁신의 도구로 활용해야 한다는 것이다. 이는 소셜미디어, 모바일, 사물인터넷, 클라우드, 빅데이터 등을 자신의 사업을 혁신하는 새로운 도구로 활용하는 것이다. 이제 실제 비즈니스 사례로 들어가보자.

쿠폰 상환율을 높여라

쿠폰은 자사의 기존 고객이나 불특정 다수를 대상으로 일정 혜택을 제공하는 증표다. 쿠폰은 주로 인쇄된 형태로 유통되는데, 이를 소지한 소비자들에게 가격 할인, 포인트 적립, 소정의 선물 등을 제공한다. 최근에는 모바일 흐름이 가속화됨에 따라 바코드, QR코드, SNS 등과 같은 전자 쿠폰의 발행이 증가하고 있다. 쿠폰은 제품과 서비스의 인지도를 높이거나 판매 촉진을 위해 많이 활용된다. 하지만 문제는 쿠폰 상환율이 매우 낮다는 것이다.

유통업계에서 쿠폰 상환율은 2퍼센트 정도로 이는 100장의 쿠폰을 발행하면 단지 2명의 고객만이 이것을 사용한다는 의미다. 쿠폰 상환율을 높이려면 어떻게 해야 할까? 그것은 고객을 다양한 특성에 따라 세분화한 뒤 각각에 맞는 쿠폰을 발행함으로써

쿠폰 상환율을 높일 수 있다. 실제 예를 들어보자.[3]

테스코는 월마트, 까르푸와 함께 세계 3대 할인점 중 하나로 꼽힌다. 테스코의 변화는 1995년에 클럽카드를 도입하면서 시작되었다. 고객들은 클럽카드의 회원이 되기 위해 이름, 주소, 가족 수, 자녀 나이, 선호 식품 등의 개인 정보를 제공하고, 테스코는 회원들에게 가격 할인은 물론 구매 금액의 1퍼센트를 포인트로 적립해준다. 테스코는 회원들의 개인 정보와 구매 데이터, 구체적으로는 2만 개의 식품군에 대해 매주 1,500만 건의 식품 구매 데이터를 분석해 라이프 스타일을 구분한다.

예를 들면 새롭거나 특이한 식품을 적극적으로 구입해보는 '모험적 구매자adventurous foodies'나 시간에 쫓겨서 아무거나 구입하는 '시간 부족 구매자time poor foodies' 등으로 라이프 스타일을 구분한 것이다. 테스코는 각 라이프 스타일의 차별적인 선호에 맞춰 다양한 상품 쿠폰을 연간 700만 개 이상 발행한다. 철저한 데이터 분석에 근거해 상품 쿠폰을 발행하기 때문에 테스코의 쿠폰 사용률은 업계 평균인 2퍼센트보다 훨씬 높은 20~50퍼센트에 달했으며 그에 따라 회원들의 충성도도 크게 향상되었다.

또한 클럽카드가 가져온 성공은 테스코의 인터넷 사업으로도 연결되었다. 테스코는 약 100만 가구(그중 40만 명은 단골고객)에게 식료품을 배달하는 세계 최대의 인터넷 식료품점이며 현재는 가구, 음악, 보험 등으로 그 영역을 확대하고 있다. 이러한 성공에는 회원들이 온라인에서 어떤 활동을 하는지 분석해 그에 맞는 적절한 마케팅 활동을 벌인 것이 바탕이 되었다. 다른 사례를 들어보자.

삶은 선택의 연속이라고도 할 수 있을 정도로 사람들은 날마다 많은 선택을 하고 그 선택 중에 구매가 큰 부분을 차지한다. 그런데 이러한 구매의 50퍼센트 정도는 신중한 의사결정 과정 없이 습관적으로 이루어진다. 특히 비누, 치약, 화장지 등과 같은 일상용품의 구매는 더욱 그러하다. 또한 사람들은 모든 것을 한 가게에서 구매하지 않는 습관이 있다. 예를 들어 식료품은 식료품 가게에서, 장난감은 장난감 가게에서, 고기는 정육점에서, 세제나 양말 · 화장지 등은 대형 할인점에서 구매한다.

소비자들의 이런 습관은 식료품에서 의류까지, 야외용품에서 전자제품까지 거의 모든 것을 갖추고 있는 대형 할인점으로서는 큰 고민이다. 소비자들의 구매 습관을 바꿔 자신의 매장에서 모든 것을 구매하도록 하고 싶지만, 쿠폰이나 인센티브 등의 판매 촉진 수단만으로는 사람들의 몸에 배인 습관을 바꾸기는 쉽지 않다.

물론 사람들의 구매 습관이 결코 바뀌지 않는 것은 아니다. 대학 졸업, 취직, 결혼 등과 같이 인생에서 중대한 사건을 겪을 때 사람들의 습관이 갑자기 바뀌고 쇼핑 행태도 변하는 경향이 있다. 바로 이때가 대형 할인점이 자신의 매장에서 쇼핑을 하도록 고객을 유인할 수 있는 절호의 기회가 된다. 미국의 대형 할인점인 타깃도 이런 사건 중의 하나를 기회로 포착하고자 했다.

타깃은 어떻게 임신부를 발견했을까?

타깃은 미국에서 월마트 다음으로 큰 대형 할인점으로 1,800여 개 매장을 운영하고 있다. 인생의 여러 중대한 사건 중에서 타깃이 주목한 것은 임신이었다. 이 시기에 임신부는 격정에 휩싸이고 체력적으로도 힘들어서 쇼핑 습관이 그 어떤 시기보다도 변하기 쉽다. 이때 그들에게 필요한 산모용품이나 신생아용품 등을 타깃 매장에서 쿠폰으로 구매하도록 유인한다면, 그들로 하여금 식료품, 수영복, 장난감, 의류 등도 구매하도록 유도할 수 있다.

타깃은 임신한 고객을 식별해야 했다. 그것도 타이밍에 맞게 일찍 식별할 수 있어야 했다. 신생아가 태어난 후 산모들은 다양한 기업에서 거의 동시에 쿠폰과 인센티브 등의 집중 세례를 받는다. 따라서 다른 할인점들이 아기가 태어날 것이라는 것을 알기 전에 임신부를 먼저 식별해야 한다. 임신부가 임신복이나 태아 비타민같이 다양한 종류의 새로운 상품을 구매하기 시작하는 때가 임신 4개월에서 6개월 사이이다. 이 시기에 임신부를 겨냥한 특별 쿠폰과 인센티브로 그들이 타깃 매장에서 구매하도록 유도한다면, 그들은 아기 우유병, 신생아복은 물론 오렌지주스, 화장지, 시리얼 등 다양한 물품도 구매할 것이다. 그리고 이렇게 해서 바뀐 새로운 쇼핑 습관으로 인해 계속 타깃 매장을 찾게 될 것이다.

타깃은 어떻게 해서 고객들의 임신 사실을 미리 알 수 있었을까? '베이비 샤워Baby Shower' 등록 프로그램을 이용했다. 베이비 샤워란 임신을 축하하는 행사로 임신부가 가까운 지인들에게서 신생아와 관련된 선물을 받는다. 이 프로그램에 임신부가 등록하면 타깃은 인센티브와 선물을 제공했다. 임신부들이 구매한 제품에 관한 데이터를 분석한 결과, 임신 이후에 그들의 쇼핑 행태가 어떻게 변화하는지 파악되었다.

예를 들면 임신 4개월부터는 향이 없는 로션을 다량 구입하기 시작했고, 5개월부터는 칼슘, 마그네슘, 아연이 보충된 비타민을 구매했다. 또한 누군가가 갑자기 향이 없는 비누, 대용량의 약솜, 손 세정제, 타월을 구매하기 시작하면 출산일이 가까워지고 있음을 의미했다. 세밀한 데이터 분석을 통해 타깃은 임신과 관련이 있는 25개 제품을 확인했고, 이를 활용해 고객에 대한 임신지수pregnancy score를 계산하는 모델을 개발했다. 타깃은 이 모델을 전국 1,800여 개 매장의 모든 여성 고객에게 적용해 임신이 거의 확실한 수만 명의 고객을 식별했고, 이들에게 산모와 신생아 관련 상품의 쿠폰을 발송했다.

심지어는 출산일까지도 어느 정도 정확하게 추정해 임신의 세부적인 단계에 맞춘 쿠폰을 보내기도 했다. 얼마 지나지 않아 임신부들이 타깃 매장을 방문하기 시작했고(쿠폰 응답률 30퍼센트 증가) 산모와 신생아 관련 상품의 매출이 폭발적으로 증가했다. 그에 따라 타깃의 총매출도 2002년에서 2010년 사이에 440억 달러에서 670억 달러로 크게 늘었다.

타깃의 임신 예측 모델이 얼마나 정확한지를 보여주는 유명한 사례가 있다. 빅데이터가 얼마나 막강한 능력이 있는지를 알려주는 이 대표적인 사례는 매우 극적이어서 일부러 지어낸 것처럼 보일 정도다. 타깃이 임신 추정 고객에게 쿠폰을 발송하기 시작한 지 1년 정도 지났을 때 미네소타주의 미니애폴리스 외곽에 있는 타깃 매장에 한 남자가 들어와서 매장 책임자에게 따졌다. 그는 타깃이 그의 딸에게 보낸 쿠폰을 들고 있었고 매우 화가 난 상태였다.

"내 딸이 우편으로 이 쿠폰들을 받았소! 그 아이는 아직 고등학생인데 당신들이 아이에게 신생아 옷과 침대 쿠폰을 보내다니! 아니, 당신들은 그 아이더러 임신을 하라고 부추기는 거요?" 편지와 쿠폰을 확인한 매장 책임자는 마케팅팀의 실수라면서 머리를 숙여 사과했다. 매장 책임자는 며칠 후에 다시 한번 사과를 하려고 남자에게 전화를 걸었다. 남자는 약간 겸연쩍어하면서 이렇게 말했다. "딸아이와 이야기했는데요. 집안에서 제가 완전히 모르고 있는 일이 벌어지고 있었어요. 딸아이의 출산 예정일이 8월이랍니다. 제가 사과를 드려야 하네요. 그런데 당신들은 도대체 내 딸이 임신한 것을 어떻게 알았나요?"

사실 대형 할인점을 비롯해 은행이나 심지어는 우체국에 이르기까지 거의 모든 대형 소매점은 좀더 효율적으로 마케팅을 하기 위해 오래전부터 그들의 고객에 대한 정보를 수집해왔다. 그리고 그 데이터들을 활용해 고객을 여러 집단으로 구분하고 각 집단의 선호와 특성을 분석해왔는데, 타깃은 이런 데이터 분석을 가장 잘하는 기업이다. 예를 들면 타깃은 쿠폰을 받은 임신부들의 반응에도 신경을 썼다.

타깃의 쿠폰을 받은 일부 임신부들은 타깃이 자신들을 염탐(?)하고 있다며 화를 낼 수도 있다. 일부 임신부들은 그들이 아직은 필요하다고 느끼지 못하는 품목들까지 타깃이 예상해서 쿠폰을 보내는 것에 대해 겁을 먹을 수도 있을 것이다. 세밀한 데이터 분석에 바탕을 둔 타깃의 마케팅 정책이지만, 임신부의 예민한 정서에 해를 끼칠 수도 있고 사회적으로도 문제가 될 소지가 있었다. 타깃은 이런 위험을 줄이기 위해 산모용품과 신생아용품 쿠폰을 임신부들이 결코 구매하지 않을 상품의 쿠폰과 섞어서 보낸다. 예를 들어 기저귀 쿠폰에 잔디 깎는 기계 쿠폰을 섞거나 신생아 옷 쿠폰에 와인 잔 쿠폰을 섞는 식이다. 이런 식으로 쿠폰을 받으면 아무런 의심 없이 자신에게 필요한 쿠폰을 사용하기 때문이다.

메가트렌드 연구와 독감 예측

1982년에 존 나이스비트John Naisbitt가 쓴 『메가트렌드Megatrend』는 2년 동안 『뉴욕타임스』 베스트셀러에 올랐으며, 전 세계 57개국에서 800만 부 이상이 팔려나갔다. 이 책 덕분에 당시까지 별로 유명하지 않았던 나이스비트는 단번에 세계적인 미래학자로 명성을 날리기 시작했으며, 메가트렌드는 시대의 흐름을 읽는 화두이자 거스를 수 없는 큰 트렌드를 가리키는 용어가 되었다.

그는 이 책에서 미래에는 지식 · 서비스 사회, 글로벌 경제, 분권화, 네트워크 조직 사회가 될 것이라고 예측했는데 그의 예측은 오늘날에 이미 실현된 것으로 인식되고 있다. 나이스비트는 이후 『메가트렌드 아시아』, 『메가트렌드 2000』, 『여성 메가트렌드』, 『메가트렌드 차이나』 등 메가트렌드 시리즈로 명성을 이어갔다. 나이스비트는 세상의 큰 흐름을 찾아내기 위해 어떤 방법을 썼을까? 우선 그가 한 일간지와 했던 인터뷰의 한 장면을 보자.

기자 당신은 어떤 방법으로 세상을 분석하고 미래를 예측하나? 남다른 비결이 있나?

나이스비트 나는 매일 6~7시간을 신문을 읽는 데 보낸다. 나에겐 신문이 곧 현재를 분석하고 미래를 내다보는 도구다. 신문 외에는 매일 전 세계로부터 다양한 정보를 가져올 수 있는 수단이 없다고 생각한다. 미래를 이해하는 가장 중요한 수단은 현재를 이해하는 것이다. 미래는 현재에 내포돼 있다. 미래란 어느 날 하늘에서 갑자기 뚝 떨어지는 게 아니다. 나는 의견opinion에는 관심이 없다. 지금 지구촌에서 무슨 일이 일어나고 있는지 그 사실에 관심이 있을 뿐이다.[4]

인터뷰에서 말한 대로 그는 미래를 이해하는 가장 중요한 수단으로 신문을 활용했다. 미국 50개 주마다 주요 신문 10개를 선정한 뒤 사람들을 고용해 신문기사에서 키워드를 뽑았다. 이렇게 모은 키워드의 빈도를 조사해 다시 핵심 키워드를 뽑은 뒤 그것을 바탕으로 미래 트렌드를 예측한 것이다. 그는 이렇게 말했다. "『메가트렌드』 한 권을 쓰기 위해 50개 주의 주요 신문을 훑으며 10년 동안 세상을 연구했다."

나이스비트는 이후의 여러 메가트렌드 시리즈 책을 위해서도 똑같은 과정을 반복했다. 예를 들어 『메가트렌드 아시아』를 쓰기 위해 사람들을 고용해 아시아 각국의 주요 일간지에서 키워드를 뽑았다. 사실 이런 작업은 그 과정을 설명하기는 쉬워도 시간과 비용이 매우 많이 든다. 하지만 빅데이터 시대에 이런 작업은 몇 년은커녕, 몇 달도, 몇 주도 아닌 며칠 만에 쉽게 할 수 있다.

분석 대상도 훨씬 광범위하게 넓혀서 주요 신문은 물론 카페나 블로그 글, 다양한 소셜미디어에 담긴 글 등에서 키워드를 뽑을 수 있다. 더욱이 이 키워드와 함께 등장하는 연관어는 물론 그 속에 담긴 감정sentiment까지 분석이 가능하다. 이제는 나이스비트처럼 10년 동안 신문을 뒤지지 않고도 누구나 미래학이나 트렌드 연구에 쉽게 도전할 수가 있다.

구글에서 사람들이 검색한 검색어를 활용해 독감을 예측한 사례를 보자.[5] 이 사례는 이미 너무도 유명한 사실이지만 현재는 그 정확도가 과잉 측정된다는 이야기가 흘러나와 보완되고 있다. 미국에서는 독감의 조기 감지를 위해 전국에 있는 5,000여 개의 병원에서 독감 증세를 보이는 환자가 나타나면 가검물可檢物을 채취해 인접한 검사실Lab로 보낸다. 또 미국 전역에 있는 230여 개의 검사실에서는 검사 결과를 질병통제예방센터CDC로 보낸다. CDC는 검사 결과와 환자가 거주하는 지역 정보를 토대로 독감 발생이 의심되는 경우 지역별로 조기 경보를 내리고 예방 조치를 취한다. 독감이 발병한다고 해도 수많은 병원, 검사실, CDC를 거치는 이런 절차 때문에 실제로 경보를 내리는 데까지 1~2주 걸린다. 따라서 경보가 나오는 시점에서는 이미 다른 지역으로 독감

이 퍼져버릴 가능성이 높았다. 구글은 검색 엔진에서 사람들이 사용하는 검색어를 분석해 짧은 시간(약 하루) 내에 독감 경보를 내리는 모델을 만들었다.

구글은 독감 증세 환자가 늘면 '독감'과 관련된 단어의 검색 빈도가 함께 증가한다는 패턴을 발견했다. 이를 CDC의 실제 독감 증세를 보인 환자 수(2003~2007년)와 비교한 결과 45개의 검색어가 밀접한 상관관계가 있음을 밝혀냈다. 예를 들어 상관이 높은 상위 5개 검색어는 '독감 합병증', '감기 · 독감 치료제', '독감 일반 증상', '독감 기간', '독감 특수 증상'이다. 구글은 이 45개의 검색어에 대한 검색 빈도와 검색 위치를 바탕으로 지역별 독감 유행 정보를 CDC보다 1~2주 앞서 제공한다.

특히 구글이 지난 2008년 11월부터 선보인 '독감 트렌드Flu Trends(구글 플루)' 서비스는 전 세계적으로 독감과 관련된 검색어의 입력 빈도를 파악해 지역별로 독감 유행 수준을 '매우 낮음'부터 '매우 높음'까지 5개 등급으로 표시한다. 구글의 독감 트렌드가 지난 2009년 2월, 대서양 연안 중부지역 주에서 독감이 확산될 것이라고 CDC보다 2주 먼저 예측한 것은 지금도 화제가 되고 있다. 하지만 독감 트렌드는 2011년 8월 이후 100주 동안 실제 독감 발병보다 높은 예측을 했다고 비판을 받기도 했다.[6]

이런 비판은 구글의 독감 트렌드를 기존의 방법을 보완하는 용도로 사용해야 한다는 것을 말해준다. 현재는 독일 오스나브뤼

크Osnabrück대학의 인지과학연구소에서 검색어는 물론 트위터와 같은 소셜미디어 데이터, CDC 데이터를 통합해 독감의 시간적 · 공간적 확산을 예측해주고 있다.[7]

제3장

빅데이터와 리더십

사람들은 리더와 보스의 차이에 대해 묻는다. 리더는 이끌고 보스는 몰아붙인다.

★ 시어도어 루스벨트Theodore Roosevelt(전 미국 대통령)

데이터는 21세기의 원유다. 그리고 분석은 그것을 연소하는 엔진이다.

★ 피터 손더가드Peter Sondergaard(가트너 수석 부회장)

나는 인공지능이 구글의 최후 목적이라고 생각한다. 그래서 우리는 웹사이트에 있는 모든 것을 이해할 수 있는 검색 엔진을 만들었다. 그것이 사실상 인공지능이다.

★ 래리 페이지Larry Page(구글 창업자)

빅데이터 리더십을 위한 전략

빅데이터 리더십은 '빅데이터 시대의 리더십' 혹은 '빅데이터 시대에 성공을 보장하는 리더십'을 줄여쓴 것이다. 빅데이터 리더십은 사업의 차별화와 혁신을 통해 경쟁우위를 확보 · 유지하기 위해 '디지타이징 비즈니스'를 하는 것이다. 구체적으로는 빅데이터 시대의 5대 핵심 기술(소셜미디어, 모바일, 사물인터넷, 클라우드, 빅데이터)을 자신의 사업을 혁신하는 도구로 활용해 비즈니스를 차별화하고 혁신하는 것이다.

이 5대 핵심 기술은 이미 우리 곁에 와 있다. 소셜미디어는 기존 미디어를 훌쩍 넘어서서 이제 사람들 간의 핵심적인 소통 방식이 되었고, 스마트폰 등의 모바일 기기로 사람들의 모든 행동이 손 안에서 이루어지면서 실시간으로 엄청난 흔적을 남기고 있다.

센서는 활용 영역이 가속적으로 확장되어 이제 모든 사물이 인터넷과 연결되는 사물인터넷 시대로 이어지고 있다. 기업이 필요할 때 사용하고, 사용한 만큼만 비용을 지불하는 클라우드 컴퓨팅은 빅데이터의 저장·처리·분석을 위한 필수적인 인프라가 되었다. 기계학습은 이렇게 축적된 빅데이터에서 인사이트를 뽑아내 현명한 의사결정을 할 수 있도록 도와주는 인공지능이다.

이 기술들은 제각기 독립적으로 작용하는 것처럼 보여도 실제로는 서로 다양하게 결합하면서 넓게는 글로벌 수준에서 좁게는 우리의 소소한 일상생활까지 엄청난 영향을 주고 있다. 다시 말해 이 5대 핵심 기술은 다양하게 조합되면서 사람들이 일하고, 놀고, 먹고, 공부하고, 여행하고, 쇼핑하고, 의사소통하고, 사회활동하고, 사업하는 방식을 변혁시키고 있다.

이제 모든 산업에서, 모든 기업이 예외 없이 그 영향력 안에 놓여 있다. 리더에게는 이런 변화가 자신의 기업과 나아가서는 자신의 산업에 어떤 영향을 미칠지, 그리고 어떻게 대응해야 하는지를 진지하게 고민해야 할 책임이 있다. 빅데이터 리더십의 핵심인 디지타이징 비즈니스는 사업을 혁신하기 위해 〈표 1〉과 같은 콘텐츠를 포함한다. 이것은 빅데이터 리더십을 위한 전략이

〈표 1〉 빅데이터 리더십을 위한 전략

① 비즈니스 문제를 경험이나 직관이 아닌 데이터 분석을 바탕으로 접근한다.
② 리더가 평소에 업무와 관련해 데이터 분석과 활용에 대해 강조한다.
③ 중요한 의사결정을 논의할 때 임직원들이 데이터에 근거해 토론한다.
④ 기업 내에서 생산되는 데이터를 체계적으로 수집 · 관리, 활용 방안을 강구한다.
⑤ 제품과 서비스의 디지털화로 추가적인 데이터를 생산한다.
⑥ 외부 기관과 제휴해 다양한 데이터를 확보한다.
⑦ 문제 해결을 위해 사내외 데이터를 종합적으로 활용한다.
⑧ 다음의 질문에 답하기 위해 필요한 모델을 개발하고 활용한다. ● 무슨 일이 어떻게, 왜 일어났는가? ● 무슨 일이 일어나고 있고, 최선의 대응은 무엇인가? ● 무슨 일이 일어날 것인가? ● 최선의 상황을 만들기 위한 최적화 방안action은 무엇인가?
⑨ 기계학습 능력을 확보하기 위한 인적 · 물적 투자를 한다.
⑩ 데이터에 기반해 의사결정하는 조직 문화와 프로세스를 구현한다.
⑪ 디지타이징 비즈니스를 구현할 인프라에 투자한다.
⑫ 임직원의 데이터 분석 능력 향상을 위한 교육 프로그램을 개발하고 실행한다.

기도 하다. 각각의 구체적인 내용은 제10장에서 상세히 다룰 예정이다.

해러스 카지노와 빅데이터

카지노 기업인 해러스엔터테인먼트도 위기에서 구원투수로 등장한 빅데이터 리더십 덕분에 세계 최대의 카지노 그룹으로 우뚝 섰다. 사회의 거의 모든 영역에서 빅데이터가 주목을 받고 있기는 하지만, 빅데이터를 말할 때 카지노는 언뜻 떠오르지 않는다. 그러나 빅데이터와는 전혀 관련이 없어 보이는 화려한 카지노들도 데이터 분석이 승부를 갈랐다. 사실 빅데이터를 도입한다는 것은 대부분의 비즈니스 문제를 데이터 분석을 바탕으로 해결한다는 것이다.

이런 변화는 결코 우연히 일어나지 않는다. 빅데이터 리더십이 효과적으로 주도하고 이끌어낼 수 있고, 조직 문화를 데이터 분석에 근거한 의사결정을 하도록 바꿀 수 있다. 이 이야기는 어려움에 처한 기업이 데이터 분석적인 리더를 영입해 최고의 성과를 거둔 사례로 유명하다.

1990년대 초 라스베이거스의 카지노들은 고객 유치를 위해 치열한 경쟁을 벌이고 있었다. 경쟁의 초점은 호사스러운 호텔 시설과 쇼에 투자해 고객들을 끌어들이는 것이었다. 업계 강자인 시저스Caesar's는 이미 수억 달러를 들여 화려한 호텔과 쇼 무대 등 시설에 투자하고 있었다. 하지만 자금이 부족했던 해러스

Harrah's는 시설 투자 대신에 고객 데이터에 눈을 돌렸다. 지역별로 산재된 자사의 카지노 시스템을 통합해 전국적으로 고객들에 대한 데이터베이스를 구축했다.

그러나 숙박과 카지노 이용에 대한 보상을 제공하는 해러스의 회원 프로그램은 정작 회원들의 재방문 유인에 별 효과를 거두지 못했다. 회원 중 65퍼센트가 다음에는 다른 카지노에서 도박을 할 정도로 충성도가 매우 낮았으며, 해러스는 경쟁에서 뒤처지기 시작했다. 위기감을 느낀 해러스는 1998년 미국 하버드대학 경영대학원에서 서비스 경영을 가르치던 게리 러브먼Gary Loveman 교수를 영입했다. 카지노 업계에서는 이론과 실제가 다른데 과연 학자 출신인 러브먼이 반전을 일으킬 수 있는지 회의적이었다. 그러나 그의 분석 지향 리더십으로 해러스는 승승장구했고, 업계 라이벌인 시저스를 인수하는 성공을 거두었다. 그가 성공할 수 있었던 요인은 무엇일까? 아마도 다음의 몇 가지로 요약할 수 있을 것이다.

첫째, 데이터 수집의 초점을 회원들의 해러스에 대한 충성도를 높이는 데 맞춘 것이었다. 충성도를 높이기 위해서는 고객들의 여행과 숙박, 카지노 내의 지출 등 모든 행동에 대한 데이터가 필요했다. 러브먼은 기존 회원제도를 강화한 토털 리워드Total Reward라는 회원카드를 통해 회원들의 개인 정보는 물론 그들이 호텔에 머무는 동안 행하는 모든 행동을 추적했다. 고객들은 해러스에서 모든 결제를 이 카드로 해야 하는데, 레스토랑 이용은 물론 슬롯머신도 이 카드를 기계에 꽂아야 할 수 있고, 룰렛 등 다른 도박을 위한 칩도 이 카드로 구매했다. 이를 통해 해러스는 어떤 고객이 어떤 상점에서 얼마를 지출했으며, 어떤 도박을 얼마만큼 이용했고, 얼마를 잃거나 땄는지 추적했다. 이렇게 종합하니 단순 회원 수로 치면 그 수가 2,800만 명이 넘었고, 이들에 의해 축적된 데이터는 당시로서는 엄청난 양인 1테라바이트TB에 가까웠다.

둘째, 데이터 웨어하우스data warehouse와 분석 소프트웨어 등 분석 인프라에 투자하고 전문적인 분석 인력을 고용해 축적된 데이터를 분석하는 데 심혈을 기울였다. 데이터 분석 결과는 놀랍게도 카지노의 전통적인 인식과는 달랐다. 카지노 수익의 82퍼센트는 26퍼센트의 고객에게서 발생했는데, 수익에 기여도가 높은 고객들은 큰돈을 자주 베팅하는 하이 롤러high roller가 아니라 적은 돈으로 도박하는 로 롤러low roller였다. 그들은 소득이 낮은 중년 이상의 나이 든 고객들로 하루에 50달러 정도의 적은 돈으로 도박하지만, 1년에 30회 정도 카지노를 방문했다. 충성도 상승과 소비 촉진을 위해서는 이들이 어떤 보상을 좋아하는지 알아야 했는데, 일반적으로 기프트숍 할인은 매력적이지 않았으며 호텔 숙박비 할인을 선호했다. 또한 고객들은 카지노 인근에 사는 사람들이었는데, 이들은 호텔에 숙박하지 않아 보상으로 카지노

칩을 선호했다.

셋째, 분석 결과를 회원들의 충성도를 높이기 위한 마케팅 정책에 적극적으로 활용한 것이었다. 구체적으로 회원들을 인구통계변수와 지출 이력을 바탕으로 무려 80개의 이질적인 집단으로 구분한 뒤 각 집단의 특성에 적합하도록 차별적으로 마케팅을 했다. 예를 들면 슬롯머신을 주로 이용하는 회원들에게는 그들이 선호하는 슬롯머신을 파악해 배치를 바꾸거나, 방이 꽉 차는 휴가철에도 예약을 늦게 하는 하이 롤러의 특성을 고려해 그들을 위한 방을 미리 빼두는 식이었다. 또한 개인이 도박을 하고 있는 중에도 필요한 경우에는 개개인에게 실시간으로 대응했다.

가령 개개인이 잃고 따는 금액을 실시간 추적하다가 어떤 개인이 그의 인내 한계점pain threshold, 즉 총 잃은 금액이 도박을 중지하도록 만드는 액수에 가까워지게 되면 직원이 접근해 공짜 식사나 쇼 티켓을 무료로 제공해 기분을 누그러뜨리고 계속 호텔에 머물도록 유도하는 식이었다. 그리고 직원들에 대한 인센티브나 성과급도 그들이 창출한 매출이 아니라 그들이 봉사했던 고객들의 만족을 기반으로 산정했다. 이는 서비스에 만족했던 고객이 다음해에 더 많은 돈을 지출한다는 데이터 분석 결과 때문이었다.

넷째, 가장 중요한 요인은 러브먼이 해러스에 분석 지향적인 조직 문화를 성공적으로 구축한 것이었다. 예를 들어 러브먼은 직원들에게 "그냥 그렇게 생각하는 것인가, 아니면 데이터 분석을 통해 알아낸 것인가?Do you think or do you know"라는 질문을 자주 던진다. 계획이나 전략에 관한 아이디어를 제시하는 직원은 누구나 이를 뒷받침하는 데이터 분석에 입각한 증거를 제시해야만 한다. 심지어 러브먼은 "우리 회사에서 해고되는 사유는 3가지다. 절도, 성희롱, 근거가 되는 데이터 없이 말하는 것"이라고 역설한 것으로도 유명하다(원문은 "통제 그룹 없이 실험을 하는 것"이지만, 독자들의 이해를 위해 "근거가 되는 데이터 없이 말하는 것"으로 의역했다).

게리 러브먼을 영입한 후 고객들이 해러스에서 도박에 지출하는 돈은 약 40퍼센트가 증가했으며, 영업이익도 평균 27퍼센트나 늘었다. 특히 2003년에서 2006년 사이 해러스의 주식 가격이 14달러에서 85달러로 약 6배나 폭증했다. 또한 2005년에는 업계 라이벌 시저스를 인수한 뒤 인지도를 고려해 기업명을 시저스엔터테인먼트로 바꾸었다. 현재 시저스는 미국의 13개 주에 26개 카지노를 운영하고 있고, 세계적으로는 7개국에서 51개 카지노를 운영 중인 세계 최대 카지노 그룹이다.

고객의 취향을 분석하라

디지타이징 비즈니스로 최고의 경쟁력을 구가하는 기업들

은 리더가 데이터 분석의 장점을 잘 이해하고 이를 전사적 수준에서 적극적으로 활용할 뿐만 아니라 데이터 분석에 필요한 인프라 구축에도 적극적으로 투자함으로써 높은 성과를 올린다. 이 기업들은 데이터 분석에 눈을 돌린 계기에 따라 세 종류로 구분할 수 있다.[1]

첫째, 사업의 특성상 창업 초기부터 데이터 분석에 크게 의존할 수밖에 없었던 기업들이다. 세계적인 호텔 리조트 기업인 메리어트Marriott의 사례를 이야기해보자. 숙박시설은 일정 시간이 지나면 상품으로서 그 가치가 사라지는 소멸성 자산perishable goods이다. 이런 특성 때문에 메리어트는 숙박률이 최대가 되는 시기에 객실 요금을 책정하기 위해 이미 창업 초기인 1950년대부터 호텔 주차장에 들어오는 자동차에 몇 명이 타고 있는지 기록하기 시작했다. 이런 노력은 이제 첨단화된 수익 관리revenue management로 발전해 객실의 최적 가격 설정은 물론 레스토랑과 출장 연회 서비스catering service, 회의 공간을 효율적으로 활용하는 데까지 확장되었다. 현재 이 회사가 전 세계에 보유한 시설 약 2,600곳 중 1,700여 곳 이상에서 자동화된 수익 최적화 프로그램이 적용되고 있다.

둘째, 최근에 와서 데이터 분석의 커다란 잠재력을 인식해 이를 적극적으로 도입한 기업들이다. 이 기업들에 대해서는 앞에서 이미 설명한 대형 할인점인 테스코와 세계적인 카지노 기업인 해러스 등이 대표적이다.

셋째, 태생부터 데이터 분석에 기반을 두어 세계적인 성공을 거둔 기업들이다. 세계적인 기업인 구글, 온라인 판매의 선두주자인 아마존, 온라인 영화 대여업체인 '넷플릭스Netflix' 등이 대표적이다. 여기에서는 넷플릭스를 간략하게 소개한다.[2]

1997년에 컴퓨터광이자 영화광인 리드 헤이스팅스Reed Hastings는 넷플릭스라는 회사를 창업했다. 그는 비디오 대여를 헬스클럽처럼 매달 정액제로, 편수의 제한 없이 마음껏, 연체료도 물지 않고 이용할 수 있는 사업을 시작했다. 또한 온라인으로 영화 DVD를 주문해 우편 서비스로 받아보고 다시 우편 서비스로 받아보았다. 하지만 닷컴버블이 꺼지던 1990년대 말 당시에 대부분의 사람들은 이 사업 아이디어를 비웃으며 곧 망할 것으로 예상했다. 당시에는 이미 블록버스터라는 오프라인의 공룡이 미국 구석구석에 9,000여 곳의 지점을 두고 매년 30억 달러 이상의 수입을 올리고 있었다. 더욱이 미국의 우편 서비스는 '달팽이 우편'이라는 별명이 붙을 정도로 느린 것으로 인식되어 있었다.

하지만 모든 사람의 예상과는 반대로 넷플릭스는 1999년에 500만 달러의 매출에서 7년 후인 2006년에는 10억 달러로 초고속 성장을 했다. 2017년에는 매달 약 10달러의 회비를 내는 회원 수가 무려 1억 명이 넘을 정도로 가장 성공적인 닷컴기업으로 우뚝 섰다. 넷플릭스의 성공 비결은 바로 데이터 분석에 기반을 둔 것이었다. 우선 넷플릭스는 많은 사람이 어떤 영화를 빌릴지 결정하는 데 어려움을 겪는다는 사실에 주목해 '시네매치Cinematch'라 불리는 '영화 추천 엔진'을 개발했다. 이 인공지능은 초기에 10만 건에 달하는 영화를 장르별로 분류한 뒤 1,000만 고객의 영화 대여 순위, 영화 감상 후기, 고객들의 영화 대여 이력을 분석했다.

지금은 각 회원의 웹사이트 내에서 행동 패턴(영화 소개 클릭 패턴과 검색어 등), 실제 영화 대여 목록, 시청한 영화에 부여한 평점 등을 함께 분석해 각 고객의 취향과 재고 상황을 모두 최적화하는 방식으로 영화를 추천한다. 시네매치는 회원 대부분이 시네매치가 추천한 영화를 80퍼센트 이상 대여할 정도로 호응이 높았다. 더욱이 넷플릭스는 추천의 정확도를 더욱 높이기 위해 시네매치의 알고리즘을 10퍼센트 향상시키는 첫 번째 사람(팀)에게 100만 달러의 상금을 주는 대회를 열어 몇 년 동안 엄청난 홍보 효과를 올리기도 했다. 시네매치는 잘 알려진 영화는 아니지만 고객의 취향에 딱 들어맞는 영화를 추천하는데(더욱이 이런 영화들은 흥행 영화보다 구매 원가가 낮다), 전체 매출에서 이런 영화들이 차지하는 비중이 약 20퍼센트나 될 정도로 높았다.

넷플릭스는 오프라인의 공룡에 맞서 데이터 분석의 잠재력을 인식해 수치화하기 힘든 고객들의 취향을 분석하고 이를 적극적으로 활용한 대표적인 사례다. 데이터 분석의 필요성이나 효과는 기업이 속해 있는 산업에 따라 다를 것이다. 고객과 경쟁사에 대한 다양한 정보가 존재하는 분야에서는 상대적으로 더욱 필요한 것은 사실이다. 이미 마케팅과 고객 서비스 분야에서는 고객의 욕구를 경쟁자보다 잘 파악해서 이를 만족시키는 서비스와 제품을 제공하려는 분석적 노력이 높은 성과로 입증된 사례가 많다.

생산이나 물류 분야에서도 마찬가지의 방식으로 높은 성과를 올리는 사례가 풍부하다. 물론 데이터 수집이 어려운 분야, 예를 들면 패션이나 인력 충원 등에서는 아직도 경험이나 직관에 의존하는 경향이 많다. 그렇기 때문에 이런 분야에서 데이터 분석으로 경쟁우위를 더 높일 수 있는 잠재력이 충분하다. 체계적인 방법으로 정확하게 데이터를 수집한다면, 어느 분야에서나 데이터 분석의 장점을 살려 지속적인 경쟁우위를 확보 · 유지하는 것이 가능하다.

얼마나 빠르게 대응할 것인가?

이제 디지타이징 비즈니스로 대응해야 하는 것은 선택사항이 아니라 필수사항이다. 그렇지 않으면 그냥 가만히 앉아서 적

〈표 2〉 산업별 영향의 정도

	산업 영향	산업 내 시장 · 고객 영향	산업 내 운영 효율 영향
제조	중간	중간	중간
유통	빠름	중간	중간
수송 · 건설	중간	낮음	중간
미디어 · 연예	빠름	높음	중간
전기 · 통신	느림	낮음	높음
금융 · 보험	중간	높음	높음
공공 부문 · 의료	중간	중간	높음

극적으로 빠르게 대응하는 경쟁자들이 앞서가는 것을 지켜볼 수밖에 없다. 디지타이징 비즈니스를 기업의 전략으로 채택한다고 하더라도 얼마나 빠르게 반응할 것인지는 자신이 속한 산업의 특징과 그 안에서 어떤 경쟁적 포지션을 차지하고 있는지에 따라 다를 것이다.

빅데이터와 관련 기술들이 미치는 영향의 크기와 속도가 산업별 특징에 따라, 같은 산업 내에서도 영역에 따라 어떻게 다른지 요약하면 〈표 2〉와 같다(심지어는 같은 기업 내에서도 사업 부서에 따라 영향의 크기와 속도가 다르다).[3]

예를 들면 미디어 산업은 본질적으로 정보 서비스업이고 진입 장벽이 낮아서 산업에 대한 영향이 빠르게 진행되어 이미 온라인 미디어 채널이 주류로 자리 잡았다. 콘텐츠 유통에서도 고객과 직접 접촉하는 신생 기업이 꾸준히 증가하고 있다. 전기·통신 산업은 진입 장벽이 높아 산업에 대한 영향이 느리고 시장이나 고객에 대한 영향도 낮은 편이지만, 반면에 플랜트나 시설의 운영 측면에서는 효율 증대의 잠재력이 매우 높다.

빅데이터와 관련 기술들이 산업별로 충격을 주는 시점과 충격의 크기를 시각화하면 〈그림 1〉과 같다.[4] 〈그림 1〉에서 세로축은 충격의 크기로 그 산업에서 예상되는 변화를 퍼센트로 나타낸 것이다. 가로축은 예상되는 충격의 시점으로 0에서 5년까지로 나타냈다. 충격의 시점이 빠르고 그 크기가 클수록 일찍 대응을 해야 한다. 실제적으로 숙박·푸드 산업보다는 예술·여가 산업에서, 예술·여가 산업보다는 소매·유통 산업에서 변화가 빠르게 진행되고 있다.

충격의 크기가 비슷하더라도 금융 산업에서보다는 ICT·미디어 산업에서 대응이 빠르다. 제조업이나 광산업에서 충격의 강도가 낮고 시점도 늦지만, 운용 효율의 향상 측면에서는 잠재력이 높다. 전기·통신 산업과 수송·우편 산업에서 충격이 가장 느리지만, 충격의 크기는 상대적으로 수송·우편 산업이 훨씬 크다.

또한 기업이 디지타이징 비즈니스로 얼마나 빨리 대응할 것인지는 산업의 특성뿐만 아니라 경쟁자의 행위, 기업이 얼마나 기술적으로 변혁적이기를 원하는지에 달려 있는데 이를 요약하

〈그림 1〉 산업별 충격 크기와 시점

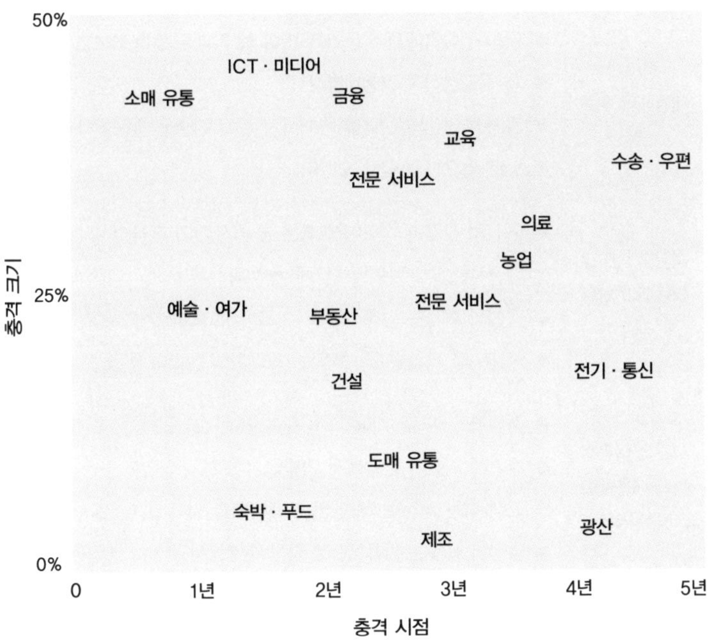

면 〈표 3〉과 같다.[5]

빠르게 대응해야 하는 경우는 경쟁자가 이미 빠르게 대응하고 있거나 자신의 기업이 변혁 지향적이며 필요한 능력을 갖추었을 경우다. 시간적 여유를 갖고 대응해도 되는 경우는 데이터도 많지 않고, 경쟁자도 빅데이터에 크게 진력하지 않으며, 자신의 기업이 혁신 측면에서 선도 기업이 아닌 경우다. 결론적으로 리더가 디지타이징 비즈니스를 실현하기 위해 얼마나 빠르게, 어느

〈표 3〉 디지타이징 비즈니스의 채택 속도

빠르게 대응해야 하는 경우	● 당신의 산업에서 누군가가 이미 매우 빠르게 움직이고 있다. ● 과거에 분석적 경쟁자였다. ● 과거에 당신의 산업을 변혁하기 위해 기술을 활용했다. ● 모든 필요한 능력을 모았다.
적당한 속도로 대응해야 하는 경우	● 당신의 산업이 빅데이터 혹은 분석에 이미 적극적이다. ● 경쟁자들에게 계속 앞서기를 원한다. ● 당신의 회사는 전통적으로 기술과 데이터에 능숙하다. ● 빅데이터 작업을 할 수 있는 최소한의 인력이 있다.
시간적 여유를 갖고 대응해야 하는 경우	● 경쟁자가 빅데이터에 크게 진력하지 않고 있다. ● 과거에 기술이 산업에서 변혁을 주도하지 않았다. ● 고객 혹은 시장에 대한 많은 데이터를 갖고 있지 않다. ● 당신의 회사는 전통적으로 혁신 측면에서도 선도 기업이 아니다.

영역에서 어떻게 대응할지 결정하려면 우선 다음과 같은 질문에 답을 해야 한다.

첫째, 빅데이터와 관련 기술이 해당 산업에 어떻게 영향을 미칠까? 가장 강한 충격을 먼저 받을 영역은 어디이고 시점은 언제인가? 그것이 산업 내에서 기업의 경쟁력과 포지셔닝에 어떤 리스크를 줄 것인가?

둘째, 빅데이터와 관련 기술이 자신의 사업 모델에 어느 시점에서 어떤 영향을 미칠까?

셋째, 디지타이징 비즈니스로 사업의 어떤 영역을 어떻게 혁신할 수 있을까?

넷째, 새로운 경쟁자가 자신의 비즈니스 모델을 와해시킬 수 있는 영역은 무엇일까? 그리고 그런 움직임에 어떻게 대응할까?

다섯째, 디지타이징 비즈니스로 자신의 영역에서 최고의 경쟁우위를 갖추기 위해 어떤 능력이 필요한가? 이를 개발하거나 획득할 수 있는 방안은 무엇인가? 그리고 필요한 투자와 준비는 무엇인가?

제4장

빅데이터와 디지타이징 비즈니스

IT에서 지난 10년은 사람들이 일하는 방식을 변화시키는 것과 관련되었다. IT에서 다음 10년은 당신의 비즈니스를 변혁시키는 것과 관련될 것이다.

★ 에런 레비Aaron Levie(Box CEO)

대부분 디지털 혁명은 전체 비즈니스 자체를 다시 생각하는 것을 요구한다.

★ 마이크 레너Mike Renner(PFF 수석 분석가)

데이터를 올바르게 분석하는 법을 배운다면, 불가능하게 보였을 문제들을 설명할 수 있다. 왜냐하면 숫자의 완전한 힘만이 혼동과 모순의 껍질을 벗길 수 있기 때문이다.

★ 스티븐 레빗Steven Levitt(경제학자)

데이터를 어떻게 구분할 것인가?

디지타이징 비즈니스의 유형을 설명하기 전에 우선 기업 내에서 수행되는 데이터 분석을 심층적으로 구분해보자. 기업이 경쟁우위를 확보·유지하기 위해서는 데이터 분석을 통해 효율을 1~2퍼센트 향상시키거나 비용을 1~2퍼센트 감소시키는 현명한 의사결정을 해야 한다. 그렇게 하려면 〈그림 1〉에서 제시된 바와 같이 사업과 관련된 6가지 근본적인 질문에 대한 인사이트를 데이터 분석에서 추출해야 한다. 이런 데이터 분석을 하지 않는 기업은 그동안의 경험과 직관을 바탕으로 무슨 일이 일어나고 있는지 추측하는 수준에 그치고 만다.

〈그림 1〉 사업에 관한 근본적인 6가지 질문

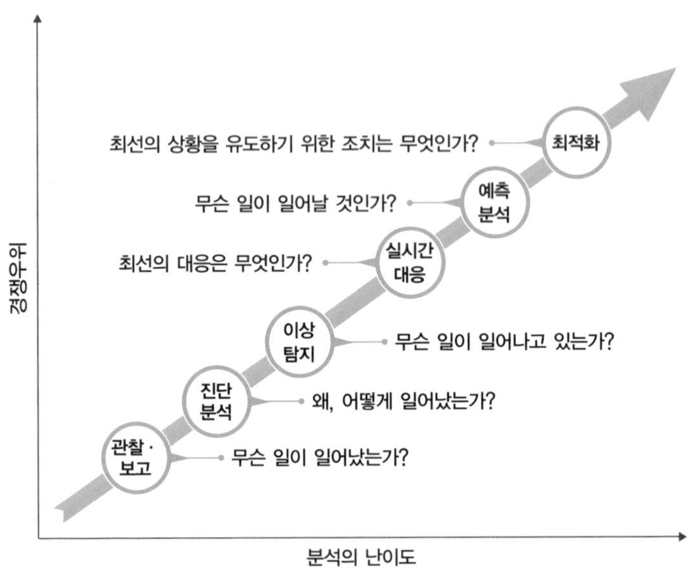

〈그림 1〉의 화살표 방향으로 문제에 대한 관찰과 보고에서 최적화 단계로 올라갈수록 분석의 난이도는 높아지지만, 분석 결과에서 얻을 수 있는 인사이트와 그에 따른 경쟁우위의 수준도 높아진다. 사실 이 6가지 질문은 과거, 현재, 미래 시점에 입각한 분석으로 분석의 연장선 측면에서 볼 때 단계적으로 수행되는 특성을 갖는다. 즉, 과거 데이터를 탐구해 무슨 일이 왜 일어났는지에 대한 모델링과 검증이 없이는 현재에 벌어지는 이상異狀을 조기 탐지하거나, 더 나아가서는 미래를 예측할 수 없다.

예를 들어 이상 탐지(예측)는 과거 데이터에서 해당 문제가 왜 어떻게 일어났는지를 학습한 뒤에, 다시 말하면 모델을 통해 그 패턴을 추출해 검증한 다음에, 그 모델을 그대로 현재 데이터에 적용해 유사한 이상이 일어나고 있는지 예측하는 것이다. 따라서 진단 분석, 즉 무슨 일이 왜 어떻게 일어났는지 우선 규명하기(학습하기) 위해 모형화하는 것이 매우 중요하다.

온라인 기업의 예를 들어보자. 온라인 기업에서 중요한 것은 전환율conversion rate을 높이는 것이다. 전환율은 웹사이트 방문자가 제품 구매, 회원 등록, 뉴스레터 가입, 소프트웨어 다운로드 등 웹사이트가 의도하는 행동을 취하는 비율을 말한다. 기초적인 분석은 우선 전환율이 언제, 어디서, 얼마나 일어나고, 그 추세가 어떠하며, 무엇이 문제인지 확인하는 것이다. 그다음에는 그런 전환율의 결과가 왜, 어떻게 해서 일어났는지 여러 설명 변수로 추정하고 다양한 모델(기계학습 알고리즘)을 적용해 그 관계를 규명한다.

이런 분석 결과는 전환율이 특정 범위를 벗어나 평소와는 다른 이상 상태로 변화하는 경우, 이를 즉각 탐지해 실시간으로 대응할 수 있도록 한다. 다음 단계에서는 이런 추세가 계속될 경우 미래에는 전환율이 어떻게 변할 것인지 예측하고 현실의 제약 조건하에서 전환율을 최대로 하기 위한 조치action를 최적화한다.

데이터 분석을 기업 전체의 시각에서 분석 목적, 데이터, 인

〈그림 2〉 데이터 분석 구분

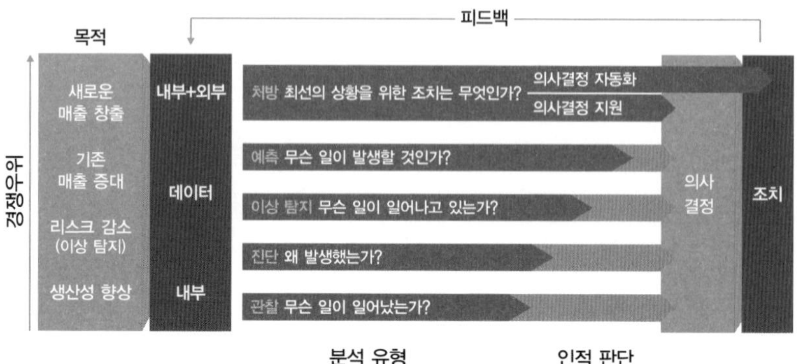

적 판단의 개입 정도, 의사결정과 조치에 이르는 과정을 시각화하면 〈그림 2〉와 같다(여기에서 제시된 그림들은 가트너[2013] 등 여러 그림을 바탕으로 재구성했다).

기업에서 수행하는 데이터 분석의 목적은 연구자에 따라 다양하게 구분한다. 예를 들어 사업적 의사결정 지원, 비용 절감, 시간 절약, 새로운 제품 개발과 서비스 제안으로 구분하기도 하고,[1] 생산성 향상, 문제 해결, 의사결정 향상, 새로운 가치 창출로 구분하기도 하며,[2] 비용 절감, 수율 향상, 매출 증대, 효과적인 의사결정으로 나누기도 한다.[3]

사실 기업 내에서 데이터 분석의 목적은 현안 문제를 해결하거나, 새로운 문제를 발견해서 풀거나, 더 나은 의사결정으로 성과를 높이거나, 고객에 대한 이해를 높여 서비스를 개선하거나, 새로운 매출을 일으킬 수 있는 상품이나 서비스를 개발하는 것이다. 이는 운영 효율 향상과 매출 증대의 목적으로 크게 구분할 수 있다. 여기에서는 〈그림 2〉의 맨 왼쪽에 제시한 바와 같이 운영 효율 향상의 목적으로 생산성 향상과 리스크 감소(이상 탐지)로, 매출 증대 목적으로는 기존 매출 증대와 새로운 매출 창출로 구분했다.

데이터 분석을 구체적으로 시작하려면 우선 기업 내부에 어떤 데이터가 있는지 확인해야 한다. 명확히 정의된 어떤 데이터가, 어느 기간만큼, 어느 정도 정제되어 있는지, 품질은 좋은지 등을 점검하는 것이 중요하다. 또한 기존에 POSpoint of sales(판매시점 정보관리), CRMCustomer Relationship Management(고객관계관리), ERPEnterprise Resource Planning(전사적자원관리) 등을 통해 보유하고 있는 데이터 외에도 센서나 전자태그RFID 등을 활용해 어떤 데이터를 추가로 수집할 수 있는지도 확인해야 한다. 내부 데이터와 다양한 원천에서 제공되는 외부 데이터를 합치면mash up 더 높은 수준의 인사이트를 추출할 수 있다. 그러므로 내부 데이터와 관련된 어떤 외부 데이터가 획득이 가능하고, 이를 어떻게 내부 데이터와 '매시업'할 수 있는지도 확인해야 한다.

〈그림 2〉의 왼쪽에는 분석 목적과 그에 따른 데이터 확인의 순서를 나타냈다. 하지만 이는 편의상으로 나타낸 순서일 뿐이

다. 실제로는 그 반대의 순서, 즉 구체적인 분석의 목적 없이 먼저 데이터를 확인하고 탐색하는 과정에서 현상을 이해하고 문제를 발견해 이를 해결하려고 구체적인 분석을 진행하는 경우도 많다(이를 탐색적 데이터 분석Exploratory Data Analysis이라고 한다).

디지타이징 비즈니스 유형

디지타이징 비즈니스의 유형은 어떻게 구분할 수 있을까? 여기에서는 우선 자신의 비즈니스에서 혁신하는 것과 새로운 비즈니스에 진출하는 것으로 나누었다. 그다음에 다시 이 2가지 유형의 혁신을 위해 활용 혹은 개발하는 기술의 난이도에 따라 각각 여러 유형으로 세분화했다. 〈그림 3〉은 이러한 구분을 시각화한 것이다.

먼저 기업이 현재 사업을 하고 있는 기존 시장(〈그림 3〉 하단)에서는 디지타이징 비즈니스를 4가지 유형으로 구분했다. 데이터 분석을 활용하는 영역이 자신의 시장에서 산업 전체로, 개별적인 컨설팅 서비스에서 다수를 상대로 한 플랫폼 구축으로 확대되는 과정을 나타낸 것이다.

〈그림 3〉의 상단에서는 데이터에 기반해 새로운 시장에 신

〈그림 3〉 디지타이징 비즈니스 유형

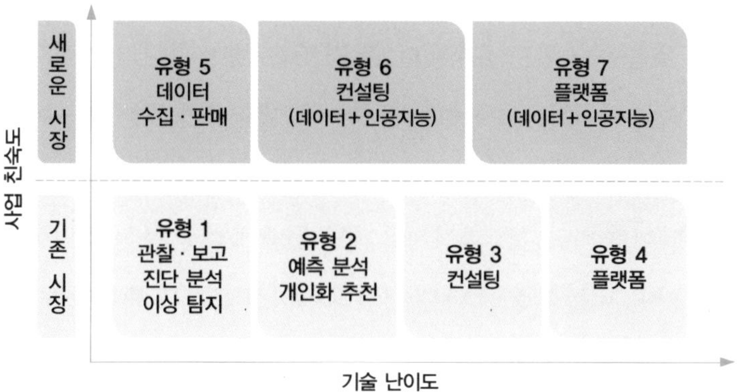

생 기업으로 진출하는 유형을 3가지로 구분했다. 데이터가 의사결정에 활용되려면 관련되거나 정확한 데이터가 즉각 활용될 수 있도록 적시에 존재해야 한다. 이 3가지 특성 중에서 특히 적시성 때문에 문제가 되는 경우가 많다. 데이터 수집에는 시간이 걸리기 때문이다. 그러므로 고객에게 필요하다고 생각되는 데이터를 미리 수집해서 정리해놓으면, 그것을 고객에게 필요한 시점에 판매할 수 있는 기회가 생긴다. 다음 단계로는 그 데이터뿐만 아니라 그 데이터를 갖고 고객이 수행하게 될 분석을 미리 고려해 아예 필요한 분석까지 추가해 서비스를 제공할 수도 있다. 심지어는 이런 서비스를 종합적으로 플랫폼화해 다수의 고객에게 동시에 서비스할 수도 있다.

우선 기존 시장에서 디지타이징 비즈니스의 유형을 보자. 〈그림 3〉에서 보이는 유형 1은 생산성 향상이나 이상 탐지 등으로 운영 효율을 높이는 유형이다. 유형 2는 매출 증대의 목적으로 예측이나 최적화를 수행하는 유형이다. 유형 1과 유형 2는 이미 앞에서 제시한 〈그림 2〉에 해당한다. 기업은 유형 1과 유형 2의 디지타이징 비즈니스 과정에서 해당 문제에 대한 분석적 역량이 축적되면, 이를 활용해 다른 기업의 유사한 문제도 해결할 수 있는 컨설팅 서비스를 할 수 있다. 기업이 축적된 경험과 역량을 해당 산업에서 새로운 사업의 기회로 활용할 수 있게 된다.

유형 3은 축적된 분석적 역량을 서비스화해 개별적으로 컨설팅하는 유형이다. 유형 4는 아예 이런 서비스를 종합적으로 제공하는 플랫폼을 만들어 다수의 고객에게 동시에 서비스를 제공하는 유형이다. 유형 1에서 유형 4로 발전하는 과정을 구체적인 사례로 설명해보자.

하림의 '501 양계농장'

국내 최대 닭고기 전문 기업인 하림은 530여 개 직영·계약 농장에서 연간 2억 마리의 닭을 키워낸다. 농장에 병아리가 들어

오면 대개 30일 정도 사육한 후 일괄적으로 트럭에 실어 출하한다. 하지만 2000년대 이후부터는 수요처들이 까다로워져 세세한 무게 조건을 달기 시작했다. 예를 들어 학교 급식업체에서는 1.7킬로그램 이상, 프랜차이즈 업체는 1.5~1.6킬로그램, 2마리를 한 세트로 파는 업체에서는 1.1~1.2킬로그램의 조건을 요구했다. 이 무게 기준에 미달하거나 초과하는 경우에는 닭을 해체한 후 부위별로 판매해야 하기 때문에 제값을 받지 못했다. 따라서 사육 중인 닭의 정확한 무게 예측이 매우 중요해졌다. 닭 무게가 기준에 미달하거나 초과해 1마리당 200원의 가격 손실을 본다고 할 때, 연간 출하량의 10퍼센트인 2,000만 마리가 규격에 맞지 않는다면 연간 손실액은 무려 40억 원에 이른다.

지금까지는 닭 무게 측정과 예측은 비효율적이고 부정확했다. 직원이 일주일마다 전체 닭의 1퍼센트 정도를 샘플로 잡아 일일이 무게를 측정한 뒤 평균 무게를 추정하고, 출하에 임박해서는 매일 저울에 달아보며 무게를 예측했다. 더욱이 무게 측정을 위해 직원들이 자주 농장에 들락거리다 보니 닭에게 스트레스를 가중시켰다. 하림은 정확한 무게 예측을 바탕으로 최적의 출하 시기를 결정하기 위해 시범농장에 사물인터넷을 도입했다.

'501 양계농장'은 하림의 직영농장으로 전북 김제시 백산면에 있는데, 총 5개 동棟에서 연간 100만 마리를 키워낸다. 이 농장에는 닭들의 움직임을 추적하는 적외선 CCTV, 닭이 물을 마시려고 뛸 때마다 10분의 1초 간격으로 무게를 재는 센서, 온도와 습도 · 벤젠 · 톨루엔 · 먼지를 각각 측정하는 센서, 이러한 데이터를 실시간으로 전송하는 무선통신 장비가 설치되었다. 이렇게 해서 중앙분석센터에는 매일 86만 4,000개의 데이터가 축적되었고, 이를 분석해 닭들의 체중 증가 추이, 10그램 단위의 무게 분포와 평균 무게를 정확히 예측할 수 있게 되었다.

센서를 이용한 측정, 데이터 무선 송신, 데이터 분석을 통한 예측 등 사물인터넷의 기본적인 틀을 농장에 적용함으로써 언제 몇 킬로그램의 닭을 몇 마리나 출하할지 정확하게 예측할 수 있는 '스마트 농장'을 구현한 것이다. 더욱이 농장의 온도와 습도를 비롯해 벤젠 · 톨루엔 · 분진 같은 환경요인과 닭 체중의 증가 추이를 함께 분석함으로써 닭 폐사를 방지하고 닭들을 건강하고 빠르게 키울 수 있는 사육 환경의 최적화 매뉴얼도 만들 수 있었다. 이렇게 유형 1과 유형 2를 통해 농장의 효율과 매출이 증대되었는데, 이 시스템을 다른 농장으로 확산하려는 하림의 계획은 당연히 예상되는 수순이다.

유형 3으로는 어떻게 발전될까? 하림이 이런 농장 혁신 과정을 전체 농장으로 확산시키면서 축적한 경험과 데이터, 하드웨어와 분석 솔루션은 다른 기업에 이런 서비스나 관련 제품을 판매할 수 있는 기회를 제공한다. 예를 들어 하림은 농장에서 축적한 데이터와 경험을 바탕으로 닭 농장의 최적 사육 환경에 대한 컨설팅 서비스를 제공할 수도 있다. 컨설팅 서비스를 받으려는 농장이나 기업은 물론 특수 저울, 전용 센서, 무선통신 패키지 등의 필요 장비들을 구입해 서비스를 받을 수 있다.

유형 4로 발전하는 것은 그다음 단계다. 즉, 이런 서비스에 대한 수요가 많아지면 일일이 개별적으로 컨설팅하는 대신에 고객들이 원하는 다양한 서비스와 분석 솔루션이 합쳐진 플랫폼을 개발해 다수의 농장이나 기업에 동시에 서비스할 수 있다. 서비스를 원하는 고객들이 필요 장비를 구매해 농장에 설치하면 데이터는 무선으로 중앙분석센터로 송신되고 플랫폼에서 자동으로 분석된다. 고객들은 웹사이트나 애플리케이션(앱)으로 플랫폼에 접속해 원하는 서비스의 결과를 언제 어디서든 쉽게 제공받거나 확인할 수 있다.

윌 스미스, 나이팅게일, 심야버스의 공통점

빅데이터 분석은 일반적으로 자료의 수집, 처리, 분석이 매우 복잡하다. 그러나 빅데이터에서 중요한 것은 '빅'도 아니고 '데이터'도 아니라 데이터에서 인사이트를 추출해 의사결정에 활용하고자 노력하는 것이다. 많은 경우에는 수집된 데이터를 잘 정리한 결과만으로도 인사이트를 쉽게 찾아내 문제 해결에 활용할 수 있다. 몇 개의 간단한 사례를 들어보자.

영화배우 윌 스미스Will Smith는 래퍼로 시작해 TV 탤런트를 거쳐 지금은 영화계를 주름잡는 최고의 스타로 활약하고 있다. 2009년 미국 경제전문지 『포브스』는 전 세계 영화 전문가들을 대상으로 1,400여 명의 할리우드 배우의 흥행성star currency을 조사했다. 투자 매력도, 박스오피스 성공 가능성, 매스컴 화제성 등의 다양한 속성을 평가한 결과, 만점(10점)을 받은 유일한 배우가 윌 스미스였다.

우리가 잘 아는 최고의 스타들인 조니 뎁Johnny Depp, 리어나도 디캐프리오Leonardo Dicaprio, 앤젤리나 졸리Angelina Jolie, 브래드 피트Brad Pitt가 9.89점으로 공동 2위를 차지했으며, 톰 행크스Tom Hanks, 조지 클루니George Clooney, 덴절 워싱턴Denzel Washington, 맷 데이먼Matt Damon, 잭 니컬슨Jack Nicholson 등이 20위권 내에 올랐다.

사실 윌 스미스는 영화에 본격적으로 데뷔할 때부터 엄청난 성공을 거두었다. 어떻게 그는 영화에 데뷔하자마자 최고의 성공 가도를 달릴 수 있었을까? 윌 스미스는 데이터를 수집해 간단히 정리함으로써 매우 성공적인 성과를 낼 수 있는 방향을 찾았다.

1980년 '더 프레시 프린스The Fresh Prince'란 이름의 래퍼로 데뷔한 윌 스미스는 1990년 미국 NBC에서 자신의 이름을 딴 시트콤 〈더 프레시 프린스 오브 벨에어The Fresh Prince of Bel-Air〉에 출연해 큰 성공을 거두었다. 1996년에 본격적으로 영화에 진출하고자 마음먹은 윌 스미스가 제일 처음 한 것은 흥행에 성공한 영화의 데이터를 분석해 성공 패턴을 찾으려고 한 것이었다.

그는 최근 10년 동안 박스오피스에서 최고 흥행을 거둔 영화 10편을 고른 다음 그 영화 내용을 분석했다. 분석이란 데이터를 수집하고 정리해 그 속에 숨은 일관적인 패턴을 찾는 것이다. 그가 찾아낸 흥행 성공의 패턴은 최고 흥행 영화 10편 모두 특수효과를 썼고, 그중 9편에는 외계 생명체가 등장했으며, 그중 8편에는 러브스토리가 있다는 것이었다. 이런 분석을 바탕으로 그가 선택해 출연한 영화는 〈인디펜던스 데이〉였고 그다음은 〈맨 인 블랙〉이었다. 두 영화 모두 외계인이 등장하고 최고 수준의 특수효과로 꽉 차 있다. 이 두 영화는 전 세계적으로 약 13억 명의 관객을 끌어모았다.

이런 폭발적인 성공은 그 후에도 계속 이어져 미국 내에서는 연속으로 8편이 1억 달러 이상의 수익을 냈고, 국제적으로는 영화 11편이 1억 5,000만 달러 이상의 수익을 내면서 윌 스미스는 기네스북에도 올랐다. 지금까지 그가 출연한 영화 21편 중 1억 명 이상의 관객을 모은 영화가 17편, 5억 명 이상이 관람한 영화는 5편이며 총 관객 수는 무려 66억 명에 달한다. 윌 스미스는 영화시장을 잘 분석한 덕분으로 이제는 액션, 코미디, 드라마 등 장르에 관계없이 순전히 그의 이름 하나로 많은 관객을 끌어들일 수 있는 최고의 흥행 배우가 되었다.

나이팅게일의 사례를 보자.[4] 나이팅게일은 1854년 크림전쟁Crimean War의 참상에 자극받아 자신이 직접 모집한 38명의 자원봉사자와 함께 터키에 있는 영국군 야전병원으로 갔다. 그곳에 도착한 나이팅게일은 병원의 끔찍한 상황에 크게 놀랐다. 많은 환자가 전장에서 입은 부상 때문이 아니라 야전병원에서 다른 질병에 감염되어 죽어나갔기 때문이다. 나이팅게일이 도착한 1854년 겨울에는 병원에 입원한 환자의 사망률이 43퍼센트에 달했다. 그는 이런 상황을 개선하고자 발 벗고 나섰다.

그 당시는 질병의 원인이 되는 세균이 발견되기 전이었고 간호학이라는 전공이 시작되기도 전이었기 때문에 나이팅게일이 참고할 만한 자료는 전무했다. 그는 질병이 병원의 더러운 위생시설, 각종 악취, 지저분한 환경 때문에 발생하는 것으로 판단해 병실을 깨끗이 청소하고, 뜨거운 물이 나오는 세탁실을 만들었다. 또한 이 문제를 해결하는 데 데이터 분석을 이용할 수 있다고 생각해 체계적으로 자료를 기록하고 수집하기 시작했다. 당시 병원 관리는 형편없는 지경이어서 입원, 치료, 질병, 사망 원인 등이 제대로 기록되지 않았고 심지어는 사망자 수조차 정확히 기록되지 않았다.

나이팅게일은 체계적인 측정을 위해 세계 최초로 의무기록표를 만들어 입원 환자 진단(부상 내용), 치료 내용, 추가 질병 감염 여부, 치료 결과(퇴원 혹은 사망 원인) 등을 매일 꼼꼼히 기록하고 이를 월별로 종합해 사망자 수와 사망 원인을 기록했다. 여기서 그치지 않고 나이팅게일은 이런 사실을 어떻게 하면 효과적으로 전달할 수 있을지 고민했다.

당시에 영국에서는 여자들이 학교에 가는 것이 금지되어 있었다. 나이팅게일의 아버지는 그녀에게 직접 약간의 교육을 시켰다. 나이팅게일은 수학을 좋아했으며, 특히 숫자와 정보를 표로 일목요연하게 요약하는 것에 관심을 가졌다. 하지만 숫자만으로 된 표는 흥미를 끌지 못해 사람들이 표 속에 들어 있는 정보를 놓치기 쉽다는 점을 잘 알고 있었다. 나이팅게일은 사람들이 데이터가 나타내는 사실을 쉽게 이해할 수 있도록 비위생적인 환경 때문에 발생한 불필요한 죽음을 시각적으로 나타내주는 그림을 고안해냈다. 그의 독창적인 그림은 일종의 파이pie와 쇄기 형태의 그림을 응용한 것이었다.(〈그림 4〉)

지금은 이런 그림이 대단한 것이 아니지만, 160여 년 전에는 자료가 나타내는 사실을 시각적으로 극대화하는 신선하고도 놀라운 방법이었다. 나이팅게일은 이 그림에서 질병 원인별 사망률이 매달 어떻게 변화하는지 여러 색깔을 써서 나타냈다. 〈그림 4〉의 ①은 전장에서 입은 상처로 인한 사망을 나타낸다. 〈그림 4〉의 ②는 전장에서 입은 상처가 아닌 병원에서 감염, 즉 예방이 가능했던 감염으로 인한 사망이다. 나이팅게일이 제시한 그림은

〈그림 4〉 나이팅게일이 제작한 사망 원인 다이어그램

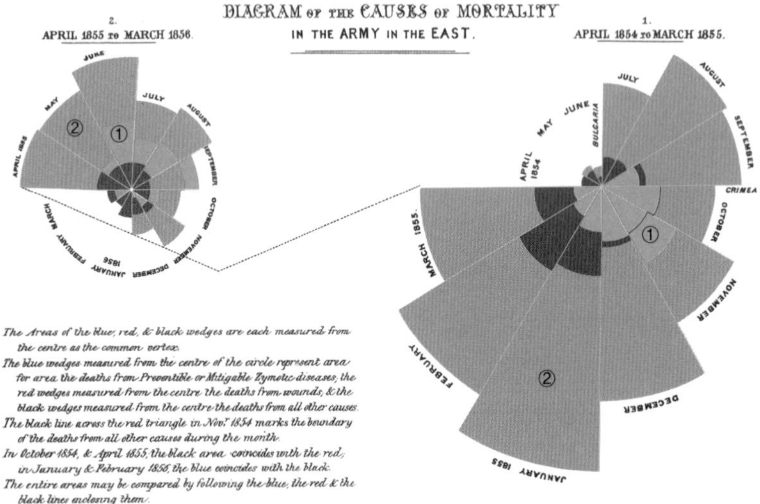

병원에서 감염 예방을 위한 위생 개혁의 중요성을 명백하게 입증했고 논란의 여지가 없었다.

나이팅게일은 동부지역 육군의 사망과 관련된 그림을 편지와 함께 계속 영국으로 보냈고, 영국의 신문은 이 그림이 명백하게 보여주는 충격적인 사실에 놀라 이를 대대적으로 보도했다. 사람들은 부상 군인들이 병원에서 치료되기는커녕 오히려 그곳에서 병을 얻어 사망한다는 사실에 경악했다. 사람들의 비난이 빗발치자 영국 정부는 서둘러 특별조사단을 파견했고, 병원의 위생 개혁을 서두르는 등 대책 마련에 부심했다.

나이팅게일이 도착한 지 6개월 만에 부상병들의 사망률은 급격히 감소하기 시작했고, 나중에는 2퍼센트 정도로 떨어졌다. 2년 만에 전쟁이 끝나 귀국했을 때 나이팅게일은 이미 유명 인사가 되어 있었다. 그녀는 이러한 명성을 바탕으로 세계 최초로 간호대학을 설립해 현대 간호학의 기초를 세웠다. 나이팅게일은 어떤 문제에 대해 자료를 수집하고, 표와 그래프로 만들어 정리해 그 의미를 해석함으로써 문제를 해결할 수 있다는, 당시로서는 획기적인 생각을 한 사람이었다.

나이팅게일은 1858년 전통 깊은 영국통계학회 최초의 여성 회원이 되었는데, 이는 당시 영국에서 여성들은 학교에 갈 수 없고, 아버지에게서 직접 교육을 받았다는 사실을 고려하면 매우 파격적인 대우였다. 유명한 통계학자 칼 피어슨Karl Pearson은 나이팅게일의 업적을 높이 사서 그가 응용통계학의 발전에서 '예언자prophetess'였다고 칭송했다.

서울 시민들이 가장 불편해하는 것은 무엇일까? 시민들은 '심야에 택시를 잡기가 어렵다'는 것을 가장 불만스러워했다. 버스나 지하철 등 대중교통 수단이 없는 심야 시간대에도 여러 가지 이유로 장거리를 이동해야 하는 시민이 적지 않지만, 이 시간대의 유일한 교통수단인 택시는 손님들의 목적지에 따라 승차 거부를 하는 등 횡포가 심했다. 이런 불편을 해소하기 위해 서울시가 심야버스를 도입하자 회식이나 야근 등으로 늦게 퇴근하는 직장인들은 물론 대리기사, 수험생, 청소원 등 심야에 이동하는 사람들은 안성맞춤 서비스라며 폭발적으로 반응했다.

이제는 심야버스가 심야의 독점적 교통수단인 택시의 횡포를 따돌리며 '서민의 발' 노릇을 톡톡히 하고 있다. 서울시 심야버스의 성공에는 데이터 분석을 활용한 노선 선정이 가장 큰 역할을 했다. 처음에 심야버스를 도입하기로 했을 때는 노선을 결정하기가 쉽지 않았다. 대중교통이 끊긴 심야에 사람이 많이 모여 있는 곳은 금방 파악되지만, 그곳에서 이 사람들이 어디로 갈 것인지는 파악하기 어려웠기 때문이다.

이를 해결하기 위해 서울시는 KT와 MOU를 맺고 우선 자정부터 새벽 5시까지 심야 시간대에 사용한 휴대전화 콜 데이터 30억여 건과 시민들이 스마트카드를 이용한 택시 승하차 데이터 500만 건을 분석했다. 구체적으로는 서울시를 반경 1킬로미터의 육각형 셀cell로 구분한 후 1,250개의 각 셀에서 심야 시간에 전화한 위치와 전화 받은 위치를 분석해 통화 강도를 색깔로 표시한 뒤 진한 색깔을 연결해 최적의 심야버스 노선과 배차 간격을 결정했다.

인공지능이 고전을 번역하다

우리는 기업 특강을 많이 한다. 특히 빅데이터에 관한 특강 의뢰가 오면 미리 해당 기업의 현안을 물어보고 디지타이징 비즈니스로 해결할 방안을 궁리해본다. 그런 다음에 특강의 마지막 부분에서는 현안 해결을 위한 구체적인 방안을 제시하는 것으로 마무리한다. 한국고전번역원에서 직원 교양강좌의 일환으로 특강을 요청했을 때에도 동일한 과정이 진행되었다. 김진호 교수는 '빅데이터와 인공지능 시대: 고전 번역과 연구의 시사점'이라는 제목으로 특강을 하면서 한국고전번역원의 현안에 대한 해결책을 제시했다.

한국고전번역원은 교육부 산하 학술연구기관으로 지난 50여 년 동안 소중한 우리 고전을 한국어로 번역해 국민들과 학계에 꾸준히 제공해왔다. 특히 『조선왕조실록』, 『승정원일기』, 『일성록』 등 세계기록유산과 우리 민족의 사상과 문화의 정수가 담겨 있는 문집 등 각종 한문 고전을 번역해 2,000여 책으로 발간했으며, 문집 1,259종을 『한국문집총간』으로 편찬·간행해 우리 민족의 학술과 사상을 집대성했다.

한국고전번역원의 현안은 번역해야 하는 고전이 엄청나게 많은 것에 비해 번역을 담당하는 전문 인력은 40여 명으로 번역의 속도가 너무 더디다는 것이다. 방대한 양의 『승정원일기』 번역을 예로 들어보자. 『승정원일기』는 조선시대 왕명王命의 출납出納을 관장하던 승정원에서 매일 취급한 문서文書와 사건을 기록한 조선시대 최고 기밀기록으로 2001년 유네스코 세계기록유산으로 지정되었다. 『승정원일기』의 필사 원본은 3,243책(2억 4,300만여 자)으로 한국고전번역원은 1994년 번역을 시작해 인조, 고종, 순종대의 번역을 완료하고, 현재 영조대 번역을 진행 중이지만 전체 번역률은 20퍼센트 수준에 그치고 있는 실정이었다. 지금 속도라면 완역에 45년은 더 걸려 2063년에야 완역된다. 문집 1,259종을 정리한 『한국문집총간』(500책) 번역도 그만큼 걸린다. 대부분의 국민들이 읽지 못하는 기록 유산을 번역하지 못하는 것이 한국고전번역원의 안타까움이었다.

김진호 교수는 특강 말미에서 그동안 축적된 방대한 양의 번역 자료를 바탕으로 인공지능 번역을 활용하는 방법을 제시했다. 그리고 이 제안은 언론에 기사화되었다.[5] 이 기사를 본 다른 언론사의 기자가 김진호 교수에게 이 발상을 실행하기 위한 미팅을 제안했다. 김진호 교수는 번역 전문기업 시스트란Systran International의 관계자, 한국정보화진흥원의 번역 전문가 등에게 연락하고 한국고전번역원과도 함께 몇 차례 연구 모임을 가졌다. 이후 과제 발굴, 제안서 제출, 입찰, 업체 선정 등의 과정을 거쳐 확정된 과제가 완료되었을 때의 성과도 기사화되었다.[6]

제5장

진단 분석 과 이상 탐지

● 디지타이징 비즈니스 유형 1

인공지능은 인간과 기계가 싸우는 파란만장한 이야기가 아니다. 실제로 인공지능은 기계의 에너지를 가진 인간의 이야기다.

★ 수딥토 고시Sudipto Ghosh(컴퓨터공학자)

과거를 통제하는 자가 미래를 장악한다.

★ 오손 웰스Orson Welles(소설가)

세상은 수학 기호로 가득 차 있다. 그 속에서 암호문을 해독하려면 수많은 기호 속에서 '의미 있는' 기호를 찾아내 서로의 연관성을 밝혀야 한다.

★ 제임스 사이먼스James Simons(수학자, 헤지펀드 투자자)

왜 문제가 발생했는가?

데이터에 대한 관찰과 보고 과정에서 어떤 일이, 언제, 어디서, 얼마나 발생했는지 파악하면 무엇이 문제인지 드러난다. 다음 단계는 그 문제가 왜 발생했는지 규명하는 진단 단계다. 데이터 분석에서 진단은 가장 핵심적인 단계로 인식된다. 왜냐하면 이러한 진단의 결과는 현재 어떤 이상 상황이 벌어지고 있는지를 탐지해 실시간 대응하는 것과 미래에 어떤 일이 벌어질 것인지를 예측해 최상의 결과가 나오도록 최적화하는 데도 활용되기 때문이다.

진단은 데이터에서 일관적인 경향을 나타내는 패턴을 잘 파악해 문제를 발생시키는 원인이나 상황을 찾아내는 것이다. 진단 분석에서는 데이터 속을 파고들어 가서 원인을 발견하는 드릴다운drill-down 분석, 변수 간의 상관관계 분석, 통계적 모델링, 실험 등의 기법이 사용된다. 생각보다 손쉽게 원인을 파악할 수도 있고, 복잡한 통계 모델을 적용하거나 실제로 실험을 할 수도 있다. 각각의 예를 들어보자.[1]

익스피디아의 전환율이 낮은 이유

익스피디아Expedia는 미국의 대표적인 온라인 여행사로 호텔스닷컴hotels.com, 트리바고Trivago, 오르비츠Orbitz 등을 자회사로 두고 있다. 매달 수백만 명의 여행자가 익스피디아에서 비행기, 호텔, 렌터카 등을 예약한다. 익스피디아는 이 흔적(데이터)을 혁신에 활용함으로써 데이터에 근거한 기업의 전형적인 본보기가 되고 있다. 익스피디아처럼 규모가 큰 온라인 기업에서 가장 중요한 것은 전환율, 즉 웹사이트 방문자가 비행기나 호텔 등을 예약하는 비율을 높이는 것이다. 매달 수백만 명이 웹사이트를 방문해 전환율을 0.2퍼센트 정도만 올린다고 해도 수백만 달러의 추가 매출을 올릴 수 있다.

익스피디아는 비행기나 호텔 예약의 전환율에 대한 기본적인 분석에서 중요한 사실을 파악했다. 고객들이 비행기나 호텔을 선택하고, 여행과 요금 지불 정보를 채워넣고, 마지막에 '지금 구매'를 클릭했는데도 예약 거래의 일정 부분이 성공적으로 완료되지 않았던 것이다. 호텔 예약 거래의 마지막 단계에서 무슨 이유인지 몰라도 일정 부분의 매출을 놓치고 있는 것이었다. 예약 과정에서 '지금 구매'의 최종 단계까지 왔는데도 왜 고객 중의 일부가 예약을 포기했는지 그 원인을 밝혀야 했다. 익스피디아는 그 과정의 로그 파일과 웹사이트 데이터를 사용해 심층 조사했다.

원인은 예기치 않게도 아주 간단한 것이었다. 고객 이름 아래에 있는 '회사company' 항목이 문제를 일으키고 있었다. 어떤 고객은 그 '회사'가 자신들의 신용카드를 제공한 은행의 이름이라고 해석했고, 그래서 요금 청구 주소 항목에도 그 은행의 주소를 입력했다. 이 때문에 거래가 신용카드 처리기를 통과하지 못해 실패했던 것이다. '회사' 항목을 제거하자 익스피디아의 이익이 즉각적으로 1,200만 달러나 증가했다. 이런 방식으로 익스피디아는 전환율의 최적화와 관련된 다양하고 소소한 문제를 파악할 때마다 지속적으로 원인을 탐색해 해결함으로써 상당한 재무적인 이익을 냈다.

이 사례와는 달리 왜 문제가 발생했는지 진단하는 분석에서 높은 수준의 계량적이고 통계적인 분석이 행해지는 경우가 대부분이다. 예를 들어 익스피디아에서 어떤 루트를 통해 웹사이트에 접속한 고객이 온라인 거래로 이어지는 확률이 높은지 조사하고 있었다. 분석 기법으로 콕스 회귀 분석Cox Regression Analysis(원래는 일정 기간이 지난 후에 어떤 환자는 사망하고, 어떤 환자는 생존하는지 규명하기 위해 사용하는 생존 분석 기법)을 사용했다. 어떤 마케팅 노력이 실제로 판매로 이어지는지에 대해 기존의 모형(회귀 분석 혹은 군집 분석)은 맞는 해답을 전혀 제시하지 못했다. 생존 분석 기법으로 고객들의 복잡한 유입 경로를 분석한 결과, 익스피디아는 마케팅 노력과 실제 판매와의 관계를 적절하게 파악해 마케팅 비용의 효율성을 높일 수 있었다.

어떤 일이 왜 발생했는지 진단하기 위해 실제적이고 타당한 실험을 할 수도 있다. 특히 웹사이트에서는 실험하는 것이 매우 쉽기 때문에 일상적으로 행해진다. 익스피디아는 호텔, 유람선, 렌터카의 온라인 예약에서 변경 · 취소 벌금을 폐지하는 간단한 실험을 했다. 2009년까지 익스피디아와 경쟁사들은 모두 변경 · 취소에 대해 30달러까지 벌금을 부과했다. 호텔이 부과하는 벌금보다 훨씬 많은 금액이었다. 익스피디아와 다른 온라인 예약사들의 요금은 호텔에 직접 예약하는 것보다 훨씬 낮았기 때문에 고객들은 변경 · 취소 벌금을 감수하고 있었다. 그러나 2009년에 익스피디아의 요금이 호텔 요금과 비슷해져서 편리함만이 익스피디아의 주된 매력이 되었다. 이제 변경 · 취소 벌금은 장애로 인식되기 시작했다.

소비자 만족도 조사를 보면 벌금을 지불해야 했던 고객들의 만족도가 특히 낮았다. 익스피디아 콜센터의 직원들에게는 단 한 가지 이유, 즉 고객 가족의 사망에 대해서만 변경 · 취소 벌금을 면제할 권한을 주었다. 벌금 면제 빈도를 조사했더니 지난 3년 동안 면제가 크게 증가한 것으로 나타났다. 죽음의 전염병이 돌았다기보다는 고객들이 변경 · 취소 벌금을 내지 않을 방법으로 그 이유를 사용했던 것이다.

익스피디아 경영진은 시장이 변했음을 깨달았다. 하지만 변경 · 취소 벌금은 수익의 상당한 부분을 차지했다. 익스피디아는 벌금을 폐지하면 전환율이 증가할 것인지 데이터를 통해 확인해야 했다. 2009년 4월에 익스피디아는 한 달 동안 벌금을 임시로 면제하는 실험을 했는데, 전환율이 상당히 높아졌다. 익스피디아는 벌금을 폐지할 충분한 증거를 확보하게 되었다고 생각해 이를 폐지했고 뒤이어 다른 경쟁사들도 따랐다.

1병동과 2병동의 산욕열 사망률이 다른 이유

진단 분석은 종종 어떤 일이, 언제, 어디서, 얼마나 발생했는지 파악해 체계적으로 정리하는 것인데, 이것만으로도 의사결정에 중요한 인사이트를 찾아내는 경우가 많다. 따라서 어떤 문제에 대해 자료를 수집하고, 표와 그래프로 만들어 정리해 그 의미를 해석하는 것이 매우 중요하다. 이런 측면을 잘 나타내는 2가지 사례, 즉 산욕열puerperal fever, 産褥熱과 벤퍼드 법칙Benford's Law에 대해 알아보자.

산욕열은 출산 후에 산모가 감염으로 섭씨 38도 이상의 고열을 내는 질환이다. 흔히 산욕 패혈증이라고도 한다. 현재는 위생 개념의 발달로 대부분의 나라에서 거의 박멸된 질병이지만, 위생 상태가 나쁘고 항생제는 물론 세균이란 개념조차 존재하지 않던 시기에는 엄청나게 무서운 병이었다. 특히 19세기 초 유럽에서는 병원에서 출산한 산모 중 25~30퍼센트가 산욕열로 목숨을 잃을 정도였다.

이렇게 사망률이 높은데도 그 원인에 대해서는 전혀 알지 못했다. 당시에 몇몇 의사가 산욕열이 의사가 유발하는 질병이라고 주장했다. 예를 들면 미국의 유명한 의사인 올리버 홈즈Oliver Holmes, Sr.는 "내 자식을 의사와 간호사들의 손에 묻어 있는 이 끔찍한 질병의 증기憎忌에 노출시키기보다는 차라리 마구간에서 낳겠다"고 말하기도 했다. 하지만 의사가 병의 원인이 된다는 주장에 거부감을 느낀 산부인과 의사들이 이 주장에 반발하고 나섰다. 또한 당시는 질병을 일으키는 세균을 발견하기도 전이었다.

〈표 1〉 빈 종합병원의 산욕열 사망률

연도	산부인과 1병동			산부인과 2병동		
	출산(명)	사망(명)	사망률(%)	출산(명)	사망(명)	사망률(%)
1841년	3,036	237	7.8	2,442	86	3.57
1842년	3,287	518	15.8	2,659	202	7.6
1843년	3,060	274	9.0	2,739	164	6.0
1844년	3,157	260	8.2	2,956	68	2.3
1845년	3,492	241	6.9	3,241	66	2.0
1846년	4,010	459	11.4	3,754	105	2.8

1846년 오스트리아 빈Vienna 종합병원 산부인과 의사로 일하던 이그나즈 제멜바이스Ignaz Semmelweiss는 집에서 분만할 때보다 병원에서 분만할 때 산욕열이 훨씬 높다는 사실에 의문을 가졌다.[2] 더욱이 빈 종합병원에는 산부인과 병동이 2개 있었는데, 〈표 1〉에서 보듯이 산욕열로 인한 사망률이 병동에 따라 차이가 컸다.

우선 산부인과 1병동의 산욕열 사망률은 평균 약 10퍼센트였지만, 산부인과 2병동의 산욕열 사망률은 평균 약 4퍼센트로 훨씬 낮았다. 이런 사실은 병원 외부에도 잘 알려져 있었다. 두 산부인과 병동은 교대로 환자들을 받았는데, 환자들은 2병동에 입원하기를 간청했다. 심지어 어떤 산모들은 1병동으로 가기보다는 길거리에서 분만하려고 했는데, 길거리 출산도 산모들이 산욕열로 사망한 경우는 매우 드물었다. 제멜바이스는 이런 차이가 왜 일어나는지, 즉 무엇이 산욕열을 발생시키거나 막는지 규명하고자 했다.

두 산부인과 병동은 유사한 환경에서 동일한 기술을 사용하고 있었다. 단지 1병동에서는 의과 대학생들이, 2병동에서는 조산사 학생들이 수업을 받는 것이 유일한 차이였다. 하지만 그런 차이가 산욕열 사망률의 차이와 어떻게 연관되는지는 전혀 알 수 없었다. 1847년 초에 제멜바이스는 매우 중요한 단서를 발견했다. 그의 친한 친구인 야코프 콜레츠카Jakob Kolletschka가 부검을 하다가 한 학생의 메스에 실수로 상처를 입어 패혈증으로 사망했다. 콜레츠카의 부검 결과는 산욕열로 사망한 산모의 결과와 유사했던 것이다.

제멜바이스는 시체에서 나온 어떤 독성 물질cadaverous particles이 부검을 한 의대생들의 손을 거쳐 1병동의 산모에게 전염되어 산욕열을 일으킨다고 추리했다. 분만실에 들어가기 전에 종종 부검을 실시하던 의사들과 학생들이 산부인과 검사와 출산 중에 자신도 모르게 산모에게 전염시킨 것이었다. 2병동에 있는 조산사 학생들은 부검을 하지 않아 시체와 접촉이 없었기 때문에 그 병동에서는 산욕열로 인한 사망률이 낮았던 것이다.

제멜바이스는 부검 후 산모 진료 전에 염화칼슘액calcium chloride solution으로 손을 소독하는 규칙을 만들었다. 염화칼슘액은 감염된 부검 조직에서 나오는 부패한 냄새를 가장 잘 제거했기 때문이다. 이 방침은 놀라운 결과를 가져왔다. 1병동의 사망률이 무려 90퍼센트나 감소해 2병동과 비슷한 수준이 되었던 것이다. 그해 4월 18.3퍼센트에 달하던 사망률은 5월 중순부터 손 씻기가 실시된 이후인 6월에 2.2퍼센트, 7월에 1.2퍼센트, 8월에 1.9퍼센트로 떨어졌다.

하지만 산욕열이 의사들의 청결하지 못한 손에서 전염된다는 제멜바이스의 가설은 매우 극단적인 주장이었고, 다른 의사들의 심한 저항을 불러일으켰다. 결국 그는 해고되었으며 경멸과 조롱의 대상이 되었다. 그는 의학계의 이런 무책임한 태도에 크게 분노했으며, 유럽의 저명한 산부인과 의사들에게 살인자들이라고 비난하는 편지를 공개적으로 보내기도 했다.

동시대 의사들은 물론 부인에게서조차 미친 사람 취급을 받은 그는 1865년에 정신병원으로 보내졌고 거기에 수용된 지 14일 만에 구타로 숨졌다. 제멜바이스의 가설은 그가 죽은 지 1년 후 루이 파스퇴르Louis Pasteur가 질병을 일으키는 세균을 증명함으로써 널리 인정받게 되었다. 오늘날 이그나즈 제멜바이스는 현대 소독법의 선구자로 인정받고 있다.

벤퍼드 법칙

벤퍼드 법칙은 숫자의 첫자리와 관련된 패턴이다. 모든 숫자는 1과 9 사이의 어느 한 수로 시작된다. 사람들은 직관적으로 1이나 5나 9로 시작하는 숫자의 비율이 모두 약 11퍼센트(1/9)로 같을 것이라고 생각한다. 과연 그럴까? 이는 각 수로 시작하는 숫자의 비율을 정리해서 표로 만들어보면 확인할 수 있다. 실제로 숫자들을 분석해 표로 만들었더니 전혀 다른 결과가 나왔다. 이런 결과는 현재 아주 유용하게 쓰이고 있다.

첫자리 법칙First-digit Law이라고도 불리는 벤퍼드 법칙은 1881년 미국 천문학자인 사이먼 뉴컴Simon Newcomb이 처음 발견했다. 그는 로그 변환표에서 1로 시작하는 페이지가 다른 부분들에 비해 월등히 많이 참조되어 상대적으로 훨씬 더 손때가 묻은 사실에 주목했다. 1938년 물리학자인 프랭크 벤퍼드Frank Benford 박사는 뉴컴보다는 훨씬 더 많은 양의 데이터에서 동일한 패턴을 발견했다. 그는 강river의 면적, 야구 통계, 잡지 기사 속의 숫자, 『아메리칸 멘 오브 사이언스American Men of Science』에 실린 342명의 주소처럼 아주 상이한 영역에서 2만 2,029개의 수를 선택해 표로 만들어보았다. 그 결과는 사람들의 직관을 크게 벗어난 것이었다.

즉, 첫자리가 1로 시작하는 수가 30퍼센트, 2가 17퍼센트,

3이 12.5퍼센트, 4가 9.7퍼센트, 5가 7.9퍼센트, 6이 6.7퍼센트, 7이 5.8퍼센트, 8이 5.1퍼센트, 9가 4.5퍼센트를 차지한 것이다. 1과 2로 시작하는 숫자의 비율은 약 11퍼센트(1/9)보다 훨씬 높았고, 반대로 5 이상 숫자로 시작하는 비율은 훨씬 낮았다. 이러한 첫자리 숫자의 비율은 전기요금 청구서, 번지수, 주식 가격, 인구수, 사망률, 수학이나 물리에서 사용하는 상수 등 다양한 자료에서 일관되게 나타나는 것으로 확인되었다.

1972년 경제학자인 할 베리언Hal Varian은 각종 제안서 속에 제시된 사회-경제 자료가 조작된 것인지 탐지하는 데 벤퍼드 법칙이 이용될 수 있음을 보여주었다. 사람들이 자료를 조작할 때는 숫자들이 고르게 나오도록 조작하기 때문에 제출된 숫자의 첫자릿수의 비율과 벤퍼드 법칙의 비율을 간단히 비교하면 조작 여부를 알 수 있다는 것이다. 실제로 많은 수학자와 통계학자는 이 법칙이 데이터의 조작 탐지와 횡령, 탈세자 탐지 등과 같은 데 사용될 수 있는 놀랍도록 강력한 도구라고 확신했다.

현재 미국의 여러 주 세무서에서는 벤퍼드 법칙에 바탕을 둔 탐지 시스템을 운용 중인데, 이 시스템은 상당히 정확하게 불법 탈세나 중요한 회계상 조작을 탐지해낸다고 한다. 또한 미국에서는 형사재판에서 피고나 원고가 증거로 제출하는 숫자에 대해 상대방이 벤퍼드 법칙에 의한 조작 여부를 검증할 수 있고 이 결과는 숫자 조작의 증거로 채택되고 있다.[3]

직원들의 성과는 왜 차이가 나는가?

그동안 데이터의 측정과 활용이 상대적으로 어려웠던 인사관리 분야는 대부분의 의사결정이 경험과 직관, 사람들 간의 관계에 의해 이루어져왔다. 하지만 빅데이터 시대에 인사관리 역시 다양한 영역에서 데이터에 근거해 문제를 해결하고자 하는 노력이 활발해지고 있다. 구글의 예를 들어보자.

세계 최대 인터넷 기업 구글은 현재 70여 개국에 지사를 두고 있고, 미국에서 일하는 직원만도 5만 5,000여 명에 달한다. 빅데이터를 다루는 대부분의 핵심 기술을 선도하고 있는 구글은 그 명성에 맞게 모든 문제를 데이터 분석적으로 해결하고자 하는 조직 문화를 자랑하고 있으며 인사관리 분야에서도 예외는 아니다. 구글은 1년에 2번 직원들을 평가하는데, 직원들 간에 성과 차이가 왜 일어나는지에 주목했다. 이러한 원인을 규명한다면, 즉 성과에 영향을 미치는 개인적인 특성을 파악한다면 교육, 임금 체계 수립, 경력 관리뿐만 아니라 직원 채용에도 효과적으로 활용할 수 있기 때문이었다.

구글은 우선 직원들의 경험과 인성에서 어떤 요소들이 그들의 성과와 관련성이 높은지 알아내고자 했다. 그래서 구글에서 최소한 5개월 이상 근무한 모든 직원에게 300개의 설문 문항에

〈표 2〉 설문 문항

1. 당신에게 익숙한 프로그램 언어는 무엇인가?
2. 당신이 등록한 인터넷 이메일은 무엇인가?
3. 급식 사업, 개 산책, 가정교사 등과 같은 비기술적인 부업으로 돈을 번 적이 있는가?
4. 어떤 부문(주, 국가, 세계)에서 기록을 수립한 적이 있는가?
5. 비영리조직이나 클럽을 만든 적이 있는가?

응답하도록 했다. 이 설문 문항을 보면 많은 문항이 사실에 관한 것이다.(〈표 2〉)

일부 문항은 인성에 관한 것도 있으며(예를 들면 내성적인지 아니면 외향적인지, 혼자서 일하는 것을 좋아하는지 아니면 집단으로 일하는 것을 좋아하는지), 인사 부문의 전통적인 분류에 넣을 수 없는 문항도 있다(예를 들면 어떤 애완동물을 기르는지, 동료들과 비교해서 자신이 처음 컴퓨터에 흥분했던 때의 나이가 얼마나 빠른지 혹은 느린지). 이 문항들에 대한 모든 직원의 응답은 그들의 인사고과 평정評定과 비교되었다. 구글의 인사고과 평정은 25개 영역으로 구분되어 있는데, 상사 평가와 동료 평가 등 전통적인 척도 외에도 조직시민행동organizational citizenship과 같이 독특한 영역도 있다. 조직시민행동은 예를 들어 직무 기술상으로는 자신의 업무가 아니지만 구글이 더 나은 직장이 되는 데 기여한 행동, 즉 구글 지원자에 대한 면접에 참여하는 것 등을 말한다.

구글은 이런 과정을 거쳐 수집한 200만 개의 데이터를 분석해 엔지니어링, 세일즈, 재무, 인사 등 여러 영역에서 직원들의 성과와 관련이 높은 요소들을 찾아낼 수 있었다. 그리고 이런 결과는 직원 교육 · 경력 관리 · 직원 채용 등에 유용하게 활용되고 있는데, 그중에서 직원 채용에 적용되는 사례를 보자.

어느 조직에서나 우수한 인재 채용의 중요성을 새삼 강조할 필요는 없다. 『좋은 기업을 넘어 위대한 기업으로Good to Great』의 저자 짐 콜린스Jim Collins 교수는 '먼저 사람, 그다음이 해야 할 사업First who, then what'이라는 말로 인적자원의 중요성을 강조했다. 그러하기에 기업들은 자신들에게 적합한 인재를 채용하기 위해 매년 많은 시간과 비용을 투자해 공채시험을 진행한다. 구글은 세계 최고 수준의 연봉과 자유롭고 수평적인 조직 문화 등으로 '신의 직장'이라 불릴 정도다.

특히 놀이터 같은 일터, 안락한 사무실, 유기농 식단으로 구성된 양질의 세끼 공짜 식사, 업무 시간의 20퍼센트를 개인적으로 자유롭게 쓸 수 있는 '20퍼센트 룰', 3개월간 월급 전액을 주는 유급 출산휴가 등 구글의 직원 복지는 상상을 초월한다. 구글은 미국 경제전문지 『포천』이 선정한 '일하기 좋은 100대 기업'에 6년 연속 1위로 선정되었고, 전 세계 대학생들이 뽑은 '가장 일하고 싶은 직장'에서도 1위를 차지했다.

구글의 채용 원칙은 처음부터 최고 인재를 뽑는 것이다. 평범한 사람을 뽑아 교육과 훈련 시간을 들여 인재로 키우는 것보다 훨씬 효율적이기 때문이다. 하지만 매년 구글에 입사하기 위해 이력서를 내는 사람은 200만 명이 넘고 이 중 실제 구글에 들어가는 사람은 4,000명 정도에 불과하다. 그렇다면 구글은 이 많은 지원자 중에서 어떻게 구글에 맞는 인재를 채용할까?

구글은 온라인으로만 지원을 받는다. 예전에는 구글도 소위 스펙이라는 요소를 중요시했다. 예를 들어 지원 서류가 접수되면 먼저 학점 평균이 3.7 이하 지원자는 아예 제외했다(광고나 마케팅 분야는 3.0 이상). 서류 전형을 통과해 면접 통보를 받은 지원자는 이후 2개월 동안 6~7회 반복 면접을 거친다. 하지만 구글은 학점과 면접이 지원자의 능력을 평가하는 데 신뢰할 만한 요소가 아니라는 것을 깨달았다. 기존 방식으로는 훌륭한 인재를 알아보지 못할 확률이 높았을 뿐만 아니라 급증하는 채용 수요에 맞춰 적기에 인재를 채용하는 데 어려움이 많았다.

구글은 수많은 지원자 중에서 구글에 맞는 인재를 찾기 위한 효율적이고 자동적인 방식이 필요했다. 그것이 바로 직원들의 성과 차이를 규명하기 위해 개발한 통계 모델을 활용하는 것이었다. 이 모델을 적용하면 지원자들의 미래 잠재력, 즉 성과를 예측할 수 있기 때문이다. 모델 적용은 매우 간단하다. 지원자가 온라인에서 구글 지원용 설문지에 응답하면, 그 지원자가 구글의 조직 문화에 맞는 인재인지를 예측하는 점수가 0점에서 100점 사이로 계산되어 나온다.

구글은 이 점수를 바탕으로 면접 대상자를 쉽고 빠르게 선발한다. 일반 기업들은 구글이 하는 것들을 그대로 따라 하기는 쉽지 않다. 예를 들어 모든 회사가 업무 시간의 20퍼센트를 개인적으로 자유롭게 쓰라든지, 3개월간 유급으로 출산휴가를 줄 수 없다. 하지만 구글을 성공으로 이끄는 원리를 복제해 활용하는 일은 어느 기업이나 시도할 수 있다. 특히 직원들에 대한 정보와 그들의 업무 성과와의 관계를 분석해 직원 교육, 경력 관리, 직원 채용 등에 활용하는 방법은 다른 기업이나 조직에서도 얼마든지 응용할 수 있다.

약한 인공지능의 시대

많은 변수가 복잡하게 작용하는 문제들은 왜 그런 일이 일어났는지 찾아내는 과정이 쉽지 않다. 이런 경우에는 상대적으로 복잡한 통계 모델 혹은 인공지능을 활용해 진단 분석을 해야 한다. 여기서 우리가 말하는 인공지능은 약한 인공지능을 의미한다. 사람처럼 생각하고, 판단하고, 행동하는 로봇을 만들고자 했던 인공지능 분야는 거의 성과를 내지 못했다.

인공지능의 시대라고 불리는 오늘날 이미 인공지능은 검색 엔진, 인터넷 쇼핑몰, 광고, 물류, 미디어 등 많은 영역에서 혁신을 주도하고 있다. 인공지능 바둑프로그램인 알파고가 바둑 최고 프로들을 가볍게 이긴 것은 인공지능이 어디까지 왔는지 그 수준을 보여주었다. 하지만 동시에 인공지능에 대한 우려도 높아지고 있다. 특히 흥미 있는 기사를 써야 하는 언론도 종종 이런 우려를 조장하거나 과장하는 경향이 있다. 인공지능 로봇이 등장하는 드라마나 영화에 영향을 받은 사람도 많다.

우리는 외로운 사람들에게 대화와 위로를 제공하는 인공지능도 보았고, 심지어 인종적인 차별을 학습한 로봇도 경험했다. 인공지능으로 대체할 수 있는 직업도 이전보다는 훨씬 많아져서 사람들은 일자리가 크게 줄어드는 것을 우려하고 있다. 그래서 일부에서는 인공지능이 곧 세상을 지배할 것이라고, 혹은 곧 특이점singularity에 도달할 것이라고 걱정하기도 한다. 특이점이란 인공지능이 인간과 유사하거나 그 이상의 지능을 갖게 되어 인간의 역사를 되돌릴 수 없게 되는 전환점을 의미하며, 그 이후에 인류는 인공지능 로봇에 의해 지배를 받게 된다.

인공지능의 잠재력이 초래할 미래에 대해서는 현재 정반대의 시각이 대립하고 있다. 페이스북의 설립자인 마크 저커버그Mark Zuckerberg와 테슬라자동차의 CEO인 일론 머스크Elon Musk 간에 벌어진 최근의 논쟁은 그런 대립을 극명하게 보여준다. 머스크는 트위터에서 "당신(마크 저커버그)이 AI의 안전성에 관해 걱정하지 않는다면, 반드시 걱정해야만 할 것"이라며 "북한의 핵과 미사일 위협보다 AI가 엄청나게 위험하다"고 말했다. 인공지능을 선제적으로 규제하지 않으면 영화 〈터미네이터〉에서처럼 인류의 근본적인 생존과 미래를 크게 위협하게 될 것이라는 평소 지론을 강조한 것이다.

하지만 저커버그는 "AI 부정론자나 재앙을 예언하는 이들을 그냥 이해할 수 없다. 이는 매우 부정적이고 실은 무책임하다"고 반박하며 인공지능이 가져올 긍정적인 측면들을 강조했다. 그러자 머스크는 "저커버그의 이 분야(인공지능)에 대한 지식은 한정되어 있다"고 재반박했다.[4] 이런 대립과 논쟁은 이제 막 가열되기 시작한 것으로 앞으로도 한동안 계속될 것이다.

우리는 머스크처럼 인공지능을 부정적으로 보고 있지 않다. 인공지능에 대한 우려는 매우 비현실적이며, 영화에서 많이 등장하는 인간 수준의 강한 인공지능이 탄생하려면 감각과 동작 등 극복하기 거의 불가능한 한계가 있다는 '모라벡의 역설Moravec's Paradox'에 동의한다(미국 로봇 공학자인 한스 모라벡Hans Moravec은 "인공지능[컴퓨터]이 체커 게임이나 지능검사에서 성인 수준의 성과를 내는 것은 상대적으로 쉽지만 지각이나 동작에 관한 한 1세짜리 어린아이의 스킬skill을 흉내내는 것은 어렵거나 불가능하다"고 말했다).

우리는 영화에서 자주 등장하는 인간 수준의 인공지능이 현실적으로 실현될 가능성은 없다고 본다. 모든 사람이 누구나 갖고 있는 지능이란 무엇일까? 지능의 실체는 매우 다양해서 제대로 정의하기도 어렵다. 따라서 인공적으로 지능을 만들 수도 없다. 우리가 알거나 파악하지도 못하는 것을 만들어낼 수는 없기 때문이다.

의학이나 과학 등이 매우 발달한 현재도 아직 우리가 인간 자체에 대해 알고 있는 것은 극히 제한적이다. 그렇기 때문에 인간이 지닌 자의식, 섬세한 감정, 열정, 반사 신경 등 수많은 요소를 흉내내는 것은 불가능하다. 영화는 픽션이니까 영화로 즐기면 되지 현실에서 일어날까봐 걱정할 필요는 없다. 알파고를 보라! 세계 최고 수준의 바둑을 두지만, 정작 자신이 바둑을 두는 줄도 모른다. 아니 자기 자신이란 것도 아예 없는 소프트웨어일 뿐이다. 바둑돌을 집어서 바둑판 위의 원하는 지점에 놓을 줄도 몰라 프로그래머인 아자황Aja Huang이 대신 바둑돌을 집어 바둑판 위에 놓아주었다. 이런 동작을 할 줄 아는 로봇을 만드는 것만도 엄청난 비용과 시간을 투자한다고 해도 거의 불가능할 정도다.

하지만 약한 인공지능은 우리의 삶을 윤택하게 하는 보조적인 도구로서 없어서는 안 될 중요한 역할을 한다. 그래서 미래학자인 케빈 켈리Kevin Kelly는 "앞으로 로봇과 얼마나 잘 협력하느냐에 따라 연봉이 달라질 것이다"고 말했다. 이제 우리는 약한 인공지능이라는 도구를 유용하고 현명하게 활용할 줄 알아야 한다. 그러기 위해서는 우선 인공지능이 무엇을 할 수 있고 할 수 없는지 제대로 이해해야 한다.

인공지능이 할 수 있는 것

인공지능은 현재 어디까지 왔고 과연 무엇을 할 수 있을까? 미국 스탠퍼드대학의 앤드루 응Andrew Ng 교수는 딥러닝의 대가 중 한 사람이다. 그는 스탠퍼드대학의 인공지능연구소장을 지냈으며, 구글에서 브레인팀Brain Reaearch Team을 만들었고, 바이두Baidu에서는 1,200명의 인공지능 전문가를 이끄는 인공지능센터장을 맡았다. 응 교수는 인공지능이 할 수 있는 것에 대해 이렇게 말한다.

"놀랍게도, 인공지능이 가져온 충격의 크기breadth에도 현재 전개되고 있는 발전의 형태는 여전히 극히 제한적이다. 최근 인공지능의 발전에서 거의 모든 것은 한 가지 형태를 통해 이루어졌다. 어떤 입력 데이터(A)를 활용해 어떤 간단한 출력(B)을 빠르게 만들어내는 것이다."[5]

인공지능이 이미 거의 모든 영역에서 변혁을 주도하고 있지만, 응 교수가 지적했듯이 거의 모든 혁신의 형태는 A를 입력해 B를 출력하는 형태다. A를 입력해 B를 출력하기 위해서는 기계학습을 활용해야 한다. 기계학습이란 기계, 즉 컴퓨터 프로그램이 데이터에서 문제를 발생시키는 일관적인 패턴을 찾아내는 것을 말한다. 이 용어를 만든 IBM의 컴퓨터 과학자인 아서 새뮤얼Arthur Samuel은 기계학습을 "명시적으로 프로그래밍을 하지 않고도 컴퓨터가 학습할 수 있는 능력을 갖게 하는 것이다"고 정의했다. 우리가 이미 알고 있듯이 컴퓨터는 사전에 명시적으로 프로그램된 명령어에 따라 작동한다. 하지만 어떤 문제들은 수작업으로 명령어를 사전에 프로그램하기가 불가능하다.

예를 들어 항공기는 운항 중에 엔진에 장착된 수백 개의 센서를 통해 진동, 압력, 온도, 속도 등의 데이터를 위성을 통해 전송한다. 데이터센터에서는 이 데이터를 실시간으로 분석해 연료효율과 엔진 결함 등의 이상을 탐지한다. 이런 경우에는 변수의 수와 변수 간의 복잡한 상호관계로 인해 명시적으로 사전에 결함을 탐지하는 프로그램을 작성하는 것이 거의 불가능하다. 그래서 기계학습을 활용할 수밖에 없게 된다. 현실의 많은 문제가 이런 경우에 해당한다.

기계학습 기법 중에서 A를 입력해 B를 출력하는 것은 지도학습supervised learning이다. 이를 간단한 예로 설명해보자. 〈그림 1〉은 어떤 비행기 엔진의 고장에 관련한 데이터를 시각적으로 나타

〈그림 1〉 시각화한 엔진 고장 데이터

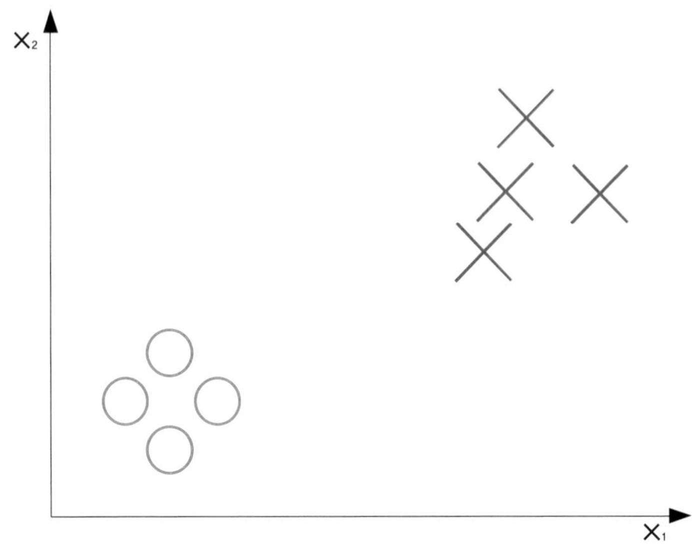

낸 것이다.

X_1과 X_2는 엔진 속의 센서 데이터를 나타내고, O는 엔진이 정상적이었던 경우, X는 고장이 났던 경우를 각각 가리킨다. 기계학습은 센서 데이터 X_1과 X_2를 활용해 엔진의 고장 여부(O와 ×)를 잘 구분해내는 모델(함수)을 찾아내는 것이다. 물론 A와 B 모두에 대한 많은 사례, 구체적으로는 최소한 수만 건 이상의 센서 데이터(X_1과 X_2)와 각각의 경우에 대한 엔진의 고장 여부(O와 ×) 데이터가 있어야 한다. 이미 데이터에 있는 고장 여부(O와

〈표 3〉 기계학습이 할 수 있는 것

입력(A)	출력(B)	적용
대출 신청	대출을 상환할 것인가?(0 혹은 1)	대출 승인
사진	사람의 얼굴이 있는가?(0 혹은 1)	사진 태깅
광고+사용자 정보	사용자가 광고를 클릭할 것인가? (0 혹은 1)	온라인 광고 타기팅
오디오 클립	오디오 클립을 글로 옮긴 것	음성 인식
영어 문장	프랑스어 문장	언어 번역
하드 디스크, 비행기 엔진 등의 센서 데이터	고장이 날 것인가?	예방 정비
차량 카메라와 그 외의 센서 데이터	다른 차량의 위치	자율주행 자동차

×)의 결과를 활용하므로(지도받으므로) 지도학습이라고 한다. 이렇게 해서 좋은 모델을 개발하면(학습하면), 다음에 새로운 상황이 생길 때, 즉 새로운 엔진의 센서 데이터 X_1과 X_2가 생길 때, 이 학습된 모델을 활용해 과연 엔진 결함이 언제 일어날 것인지 예측한다. 응 교수는 지도학습을 간단히 이해할 수 있도록 대표적인 사례를 〈표 3〉과 같이 제시했다.

〈표 3〉은 대표적인 사례를 제시한 것으로, 현재 A→B 시스템은 거의 모든 산업에서 빠르게 확산되며 개선되고 있다. 응 교수는 A→B 시스템의 파괴력이 더욱 확산되어 "보통의 사람이 1초

이내의 생각으로 할 수 있는 정신적인 과제들을 우리는 지금 혹은 가까운 미래에 인공지능을 사용해 자동화할 수 있을 것이다. 현재는 사람들에 의해 수행되는 많은 가치 있는 작업이 1초 이내에 수행될 수 있다. 수상한 행동을 탐지하기 위해 보안 비디오를 검사하고, 자동차가 행인을 칠 것인지 판단하고, 모욕적인 온라인 게시물을 찾아내 제거하는 등의 작업들은 자동화에 아주 적합하다"고 예측했다.[6]

A→B 시스템은 A→B 관계를 파악하기 위해 엄청난 양의 데이터가 필요하다는 약점을 갖고 있다. 지도학습을 위해 A와 B 모두에 대한 많은 사례를 제공해야 하기 때문이다. 예를 들어, 대출 승인을 하는 소프트웨어를 만들려면 수만 건에서 수십만 건의 대출 신청(A)과 각각의 대출이 상환되었는지 알려주는 라벨(B)이 필요하다. 사진 태깅tagging을 하는 인공지능도 수만 장에서 수십만 장의 사진(A)과 그 사진 안에 사람이 있는지 알려주는 라벨(B)이 있어야 가능하다. 마찬가지로 음성 인식 시스템을 만들기 위해서는 수만 시간의 오디오(A)와 함께 그 오디오를 글로 옮긴 것(B)이 필요하다.

인공지능 연구자 간에는 아이디어와 오픈소스 코드까지 발표하고 공유하기 때문에 다른 사람들의 소프트웨어를 1~2년 내에 거의 그럴듯하게 복사하는 것이 가능하다. 예를 들면 알파고가 등장한 후에 일본에서는 딥젠고DeepZenGo, 중국에서는 쥐이絕藝

등 유사한 성능의 인공지능 바둑프로그램이 1년 내에 등장했다. 하지만 관련된 막대한 양의 데이터를 얻거나 다른 누군가의 데이터에 접근하는 것은 무척이나 어렵다. 인공지능 시대에는 소프트웨어가 아니라 데이터가 많은 사업에서 자산이자 방어적인 진입 장벽이 되고 있다.

어떤 가입자가 보험을 해지할까?

이상 탐지는 문제(사건)에 대해 즉각 대응할 수 있도록 현재 무슨 일이 벌어지고 있는지 조기에 탐지하는 것을 말한다. 그 바탕은 앞에서 설명했듯이 과거 데이터를 기반으로 왜 그런 일이 일어났는지 지도학습 기법으로 개발된 A→B 시스템이다. 현실에서는 거의 모든 산업의 광범위한 영역에서 이상 탐지가 일상적으로 이루어지고 있는데, 특히 많이 적용되는 문제를 요약하면 〈표 4〉와 같다.

인공지능의 잠재력이 매우 큰 것은 바로 〈표 4〉의 사례들이 대부분 인공지능으로 자동화될 수 있기 때문이다. 해상 시추선의 예방 정비 사례를 보자. 센서 데이터를 이용해 장비나 설비의 이상을 조기에 탐지하는 것을 예방 정비preventive maintenance 혹은 예

〈표 4〉 이상 탐지 적용 분야

- 고객(회원) 이탈(통신사, 보험사, 은행, 증권사, 포털사이트 등)
- 사기 탐지(보험 청구, 세금 환급, 수당 청구, 정부 계약 등)
- 채무 불이행(대출, 신용카드, 외상 매출 등)
- 이상 탐지(환자, 미숙아, 암 조기 진단 등)
- 고장 탐지(인공위성, 원자로, 항공기, 선박, 시추선, 공장 설비 등)
- 기타(직원 이탈, 학교 중퇴 가능성, 거짓말 여부 탐지 등)

지 정비predictive maintenance라고 한다. 해상 시추선 밑에는 해저에서 작동하는 수중 전기 펌프가 있다. 이 전기 펌프는 한 번 해저에 설치되면 3년 동안은 접근하기가 매우 어렵고 펌프 대체 비용도 약 240억 원이나 된다. 더욱이 펌프를 대체하는 동안에 시추 작업 중단으로 인한 생산 손실은 최대 2,400억 원이다. 펌프의 이상을 사전에 탐지하기 위해 수중 환경과 펌프 작동 상황을 실시간 측정한 센서 데이터를 자동으로 분석하는 인공지능은 해상 시추 작업에서는 필수적이다.

어떤 문제(사건)가 왜 발생했는지 탐지해 실시간으로 대응하기 위해서는 대부분의 경우에 다양한 기계학습 기법, 예를 들면 로지스틱 회귀 분석Logistic Regression Analysis, 인공신경망, 의사결정 트리 모형 등을 적용한 뒤, 이상 탐지 성능이 가장 좋은 모델을 선정한다(A→B 시스템의 다양한 기법 중에서 인간의 두뇌를 흉내낸 딥러

〈표 5〉 보험사의 데이터 정리와 모델링 변수

- 회원 현재 상태(유지 2만 5,333명, 해지 1만 9,609명)
- 11개의 설명 변수(X_1~X_{11})
    - 개인 특성: 성별, 연령, 운전 여부
    - 보험 약관 특성: 계약 시기, 보험 기간, 납입 기간, 주 보험금, 납입 횟수
    - 연체 관련 특성: 연체 횟수
    - 과거 해지 관련 특성: 부활 유무, 부활 횟수

닝은 특히 음성 인식, 이미지 인식, 번역 등의 영역에서 탁월한 성과를 내고 있다. 하지만 이런 최고의 기법도 여전히 공상과학영화에 나오는 지각이 있는 로봇에는 크게 미치지 못한다. 더 높은 수준의 지능을 구현할 수도 있겠지만, 강한 인공지능으로 가는 길은 여전히 까마득히 멀다).

보험 고객(회원)의 이탈 탐지 사례를 보자. 기존 고객이 계속 회원으로 남아 있도록 하는 것은 통신사, 보험사, 은행, 증권사, 포털사이트 등 회원들로 운영되는 대부분의 조직에서 매우 중요한 문제다. 왜냐하면 기존 고객을 유지하는 데 드는 비용이 새로운 고객을 확보하는 데 드는 비용보다 매우 적기 때문이다(약 1/7). 구체적인 데이터로 회원 이탈을 탐지하는 과정을 보자. 한 보험사의 4만 4,942명의 회원에 대한 실제 데이터를 〈표 5〉와 같이 정리했다.

회원의 현재 상태는 유지는 0, 해지는 1로 나타냈으며, 기계 학습 모델은 어떤 회원에 대한 정보, 즉 그 회원에 대한 11개의 설명 변수(x_1~x_{11})가 주어졌을 때 그 회원이 보험을 해지할 확률을 계산한다. 계산된 확률이 0.5를 넘으면 그 회원은 해지 예상자로 분류해 경고를 내리고 필요한 조치를 취하게 된다. 이 사례에 대해 이런 종류의 분석에서 가장 많이 쓰이는 로지스틱 회귀 분석 기법을 사용한 결과를 보자.

우선 각 변수가 회원의 현재 상태에 미치는 영향을 보면, 해지한 경험이 있거나 해지한 횟수가 많으면 해지할 확률이 증가했다. 또한 납입 기간이나 보험 기간이 길면 역시 해지할 가능성이 높아졌다. 반대로 남자일수록, 운전자일수록, 계약 시기가 최근일수록, 납입 횟수가 많을수록, 연체 횟수가 많을수록 해지할 확률은 낮아졌다. 연령이나 주 보험금의 크기는 해지할 확률에 유의미한 영향이 없었다. 해지에 미치는 영향력의 크기는 성별, 운전 여부, 납입 횟수가 가장 높았으며 부활 횟수는 가장 낮았고 나머지 변수들의 영향력은 중간 정도로 비슷했다.

이 모델이 얼마나 유용한지는 우리가 이미 아는 회원의 현재 상태를 얼마나 잘 맞추고 있는지 분석하면 된다. 모델의 유용성은 〈표 6〉과 같은 회원 분류표classification table로 설명된다.

〈표 6〉에서 왼쪽은 회원의 현재 상태, 즉 해지 상태인 1만 9,609명과 유지 상태인 2만 5,333명을 나타낸다. 오른쪽은 모델

〈표 6〉 회원 분류표

관측 빈도			모델 예측	
			해지	유지
회원 현재 상태	해지	1만 9,609명	1만 5,664명	3,945명
	유지	2만 5,333명	2,874명	2만 2,459명

이 해지 혹은 유지라고 예측한 것이다. 해지 상태인 1만 9,609명의 고객에 대해 모델은 1만 5,664명을 해지할 것으로 예측했지만, 3,945명은 유지 상태로 잘못 예측하고 있다. 또한 유지 상태인 2만 5,333명의 고객에 대해 모델은 2만 2,459명을 유지라고 올바로 예측했지만, 2,874명은 해지 상태로 잘못 예측하고 있다. 모델의 정확도accuracy, 즉 올바르게 예측한 비율은 84.8퍼센트로 높은 편이라고 할 수 있다.

이 비율은 〈표 6〉에서 대각선의 비율인 1만 5,664명+2만 2,459명/4만 4,942명을 계산한 것이다. 모델 예측력에서 더욱 중요한 것은 모델 개발의 목적인 해지 고객을 해지 상태라고 제대로 식별하는 데 있다. 따라서 모델의 정확도 외에도 해지 회원을 해지라고 정확히 예측하는 재현율recall도 평가해야 한다.

〈표 6〉에서 재현율은 해지 고객(1만 9,609명)을 해지라고 정확히 예측한(1만 5,664명) 비율인 79.9퍼센트다(1만 5,664명/1만

9,609명). 이 모델은 정확도가 84.8퍼센트이고 재현율도 약 80퍼센트이므로 좋은 모델이라고 할 수 있다(설명의 편의상 훈련training 표본 결과만 제시했다. 검증validation 표본이나 테스트test 표본의 결과는 일반적으로 훈련 표본보다 낮다). 참고로 이 데이터에 인공신경망 모델을 적용했더니 정확도는 77.8퍼센트, 재현율은 67.1퍼센트로 나타나 로지스틱 회귀 분석 모델보다는 못한 결과가 나왔다.

캐나다 아동병원의 아르테미스 프로젝트

미숙아란 일반적으로 임신 37주 미만으로 태어난 아기를 말하며, 정상 개월 수를 다 채우지 못하고 태어났기 때문에 특히 폐의 기능과 면역 체계가 미숙한 상태다. 따라서 미숙아는 감염에 취약하고 그로 인한 사망률도 매우 높다. 캐나다에서는 미숙아의 약 25퍼센트가 감염을 일으키고 그중 약 10퍼센트는 사망한다(캐나다의 미숙아 출생률은 약 7퍼센트[신생아 14명 중 1명]다). 신생아 중환자실의 각종 의료 장비는 미숙아의 심장박동, 맥박, 호흡수, 그 외의 신체 기능을 모니터한다. 하지만 이러한 수치들과 감염 간의 관계는 매우 미묘해서 경험이 많은 의사라고 할지라도 감염 여부를 조기에 감지해 증세가 악화되기 전에 미리 대응하는 것이 어렵다.

캐나다 토론토대학의 의학정보연구소장인 캐럴린 맥그리거Carolyn McGregor 박사는 미숙아의 데이터를 심층적이고 포괄적으로 분석한다면, 미숙아의 감염 여부를 조기에 진단할 수 있을 것이라고 확신했다. 이전에 유통 분야 컨설턴트였던 맥그리거는 고객들의 쇼핑 행위를 분석하듯이 미숙아들의 데이터를 분석해 미묘한 이상을 탐지하는, 즉 감염 여부를 조기 경보하는 알고리즘을 개발하려고 했다.

아르테미스Artemis(그리스신화에 나오는 올림포스 12신 중 1명으로 여성의 출산을 돕고 어린아이를 돌보는 여신이다)라고 명명된 이 프로젝트는 미숙아들의 생리적인 데이터와 임상 데이터를 실시간으로 수집하고 종합적으로 분석해 감염이나 그 외의 합병증을 조기 경보하는 플랫폼이다. 의사들은 미숙아 감염의 증상이 수동적으로 확인되기 24시간 전에 조기 경보를 받음으로써 사전에 대응해 생명을 구할 수 있다.

미숙아 1명당 측정되는 데이터는 생리적인 데이터와 임상 데이터로 구분된다. 생리적인 측면에서는 초당 측정되는 맥박, 호흡수, 혈중 산소농도가 하루에 8만 6,400개의 수치를 만들어낸다. 심장박동수는 1시간에 7,000번 이상, 하루에 약 17만 번이다. 심전도에서는 초당 1,000개의 수치가 나온다. 미숙아의 신경 기능 측정에서도 하루에 수천만 건의 데이터가 생산된다. 임상 측면에서는 약물 주입과 영양 주입이며, 미숙아 1명당 최소한 10개 이상의 약물 주입이 동시에 진행되는데 여기서 발생하는 데이터는 하루에 1기가바이트GB 이상이다.

아르테미스는 이 데이터를 스트림 프로세싱stream processing(범위를 한정하지 않고 끊임없이 흘러가는 데이터를 처리하는 방식으로 결과를 빠르게 받아볼 수 있다)을 통해 분석한다. 모델 개발의 바탕은 지도학습이다. 감염이 되었던 미숙아와 그렇지 않았던 미숙아에 대한 엄청난 양의 데이터에서 조기 경보의 알고리즘을 학습한 것이다. 2009년에 토론토의 아동병원The Hospital for Sick Children에서 시작된 이 프로젝트는 IBM과 제휴해 클라우드 컴퓨팅 버전으로 개발되었고, 지금은 캐나다의 여러 아동병원으로 확산되었다. 국제적으로는 미국 로드아일랜드주의 프로비던스Providence, 중국 상하이上海와 선전深圳 등의 아동병원에서도 활용되고 있다.

제6장

예측 분석과 개인화 추천

디지타이징 비즈니스 유형 2

나에게 미래는 개인화 추천이다.

★ 머리사 메이어Marissa Mayer(전 야후 CEO)

실패는 단지 다시 시작할 기회일 뿐이다. 이번에는 좀더 지적intelligent으로.

★ 헨리 포드Henry Ford(포드 창업자)

숫자가 없으면 아무것도 이해할 수가 없고 알 수도 없다.

★ 필롤라오스Philolaos(고대 그리스 수학자)

비즈니스 방식을 업그레이드하는 수단이자 도구

기업은 수많은 의사결정을 하는데, 규모가 커질수록 비효율적이 되며 자원을 낭비하는 경향이 있다. 하지만 미래를 엿볼 수 있는 예측을 통해 기업은 완전히 새로운 경쟁력을 갖게 된다. 선택권이 더 넓어지고 정확해지기 때문이다. 빅데이터 시대에 기업에서 예측 분석 활용이 크게 증가한 이유는 3가지다.

첫째, 엄청나게 증가하는 데이터다. 둘째, 클라우드 등의 하드웨어와 오픈소스 소프트웨어 솔루션의 개선으로 예측 분석이 용이해졌다. 셋째, 예측 분석의 중요성을 인식하고 예측 기술을 제대로 수용하고 활용하려는 기업 문화가 확산되고 있다. 이제 예측 분석은 선택이 아니라 필수다. 예측 분석이 '비즈니스 방식을 업그레이드하는 수단'이자 '차별적인 경쟁력을 제공하는 도구'로서 비즈니스를 급격하게 바꾸고 있다. 예측의 첫걸음은 과거의 데이터를 학습하는 것이다.

"어제는 역사이고, 내일은 미스터리다"라는 말이 있지만, 어제에서 교훈을 얻을 수 있다면 미래는 미스터리가 아니라 기회가 된다. 예측은 과거의 데이터를 바탕으로 무슨 일이 왜 일어났는지 알아볼 수 있도록 모델링과 검증을 하는 과정이다. 즉, 미래의 여러 가능성에 대한 확률을 계산하는 것이다.

이상 탐지와 예측의 차이점은 무엇일까? 기법 측면에서는 전혀 차이가 없다. 즉, 진단 분석을 바탕으로 미래를 예측하는 것은 시점상의 구분일 뿐 기법상의 차이는 없다. 단지 이상 탐지는 리스크 관리를 위한 예방 차원, 즉 고장이나 사고 등 나쁜 소식에 미리 대처하기 위한 것에 중점을 둔다. 반면에 예측은 사고뿐만 아니라 다양한 가능성에 대해 개인화 추천이나 최적화 등 선제적이고 처방적인 대응을 목표로 한다.

기업이 소비자들의 욕구와 행동 패턴을 파악하는 것은 매우 중요하기 때문에 예측하고자 하는 대상은 매우 광범위하다. 사람들이 출근하고, 일하고, 공부하고, 여행하고, 쇼핑하고, 의사소통하고, 사회활동하는 것 등 거의 모든 활동이 예측 대상이 된다. 물론 산업 영역과 해결하고자 하는 문제의 성격에 따라 더욱 다

〈표 1〉 예측 대상

온라인 행동	검색, SNS 글, 광고 · 프로모션 클릭, 좋아요 · 리트윗, 구매 결정
소비	가전, 패션, 여행 등 각종 서비스 · 상품 구매, 예약 · 주문, 예약 · 주문 취소
건강	의료 서비스 선호, 입 · 퇴원, 질병 감염, 치료 효과, 사망
금융	저축, 대출, 투자, 보험, 부당 청구, 계약 해지
일 관련	직업 선택, 취업, 고과, 이직, 사고 유발
사적 영역	우정, 사랑, 임신, 이혼, 부동산 · 주식 투자, 기부
기타	생각, 의도, 의견, 투표, 거짓말, 스팸 메일, 사고 · 범죄, 사기, 탈세

양한 것이 예측된다. 구체적으로 예측 대상의 예를 들어보면 〈표 1〉과 같다.

예측 분석의 난이도는 데이터 획득, 가공, 분석 등의 단계가 각각 얼마나 어려운지에 달려 있다. 첫 단계, 즉 문제 해결을 위해 데이터를 측정하거나 수집하는 것이 쉽지 않은 문제들은 더욱 정교한 분석 과정을 밟아야 한다. 이혼 예측의 예를 들어보자.[1]

이혼을 예측하다

한 신혼부부가 미래를 정확하게 예측해준다는 용한(?) 수학자를 찾아갔다. 그 수학자는 찾아온 신혼부부에게 15분간 대화를 하도록 했다. 그 대화에 분석 모형을 적용해 신혼부부의 미래를 예측한 수학자는 "당신들은 어차피 나중에 이혼할 거니까 차라리 지금 바로 이혼해 시간을 낭비하지 않는 편이 낫다"고 조언했다. 이 수학자의 예측은 거의 100퍼센트 정확하다고 알려져 있었다. 당신이 이 신혼부부라면 어떻게 해야 할까? 신혼부부가 행복하게 일생을 함께 보내게 될지 아니면 이혼하게 될지 예측해주는 모델이 얼마나 정확한지 보자.

이혼율은 특히 선진국에서 매우 높은 편으로 미국은 거의 50퍼센트나 된다. 신혼부부가 백년을 해로할지 이혼을 하게 될지 예측할 수 있는 모델을 개발한다면, 부부 관계에 대한 통찰력을 제공하고 문제가 있는 부부의 상담 치료에도 도움이 될 수 있다. 이혼에 관한 연구는 심리학과 가정학 등 다양한 영역에서 많이 축적되어 있기는 하지만, 실제 데이터를 기반으로 이혼을 예측하려는 시도는 없었다.

그러던 중 심리학자인 존 고트먼John Gottman 박사와 수학자인 제임스 머리James Murray 교수는 부부가 논쟁을 할 때 주고받는 말에 주목해보았다. 주고받는 말에 의해 마음의 상처가 조금씩 쌓이게 된다면, 결국에는 파국을 맞을 것이라고 추측한 것이다. 그래서 부부의 대화나 논쟁에서 오가는 말 속에 포함된 긍정적인 표현과 부정적인 표현을 조사했다. 그중에서 애정, 기쁨, 유머,

〈표 2〉 신혼부부의 대화 습관

애정affection, 기쁨joy, 유머humor, 의견 일치agreement	+4
관심interest	+2
화anger, 거만domineering, 슬픔sadness, 울음whining	−1
호전성belligerence, 방어defensiveness, 회피stonewalling	−2
혐오disgust	−3
모욕contempt	−4

의견 일치, 관심, 화, 거만, 슬픔, 울음, 호전성, 방어, 회피, 혐오, 모욕 등 14개 표현을 선정했다.(〈표 2〉)

변수 측정과 데이터 수집은 갓 결혼한 신혼부부 700쌍을 대상으로 했다. 부부를 방 안에 마주 앉도록 한 후 돈, 성性, 시댁 문제 등 평소 둘 사이에 언쟁을 유발하는 주제에 대해 15분 동안 대화를 하도록 했다. 두 연구자는 녹음된 대화를 분석해 무엇을 말했느냐에 따라 남편과 아내에게 각각 +4점에서 -4점 사이의 점수를 부여했다.

이 분석에서 핵심은 대화 중에 나타나는 긍정적 상호작용과 부정적 상호작용의 비율이었다. 부부 각각에 대한 측정 점수는 차이 방정식difference equation이라는 수학 모델에 입력한 후 그 결과를 그래프로 나타냈다. 그래프에서 남자의 선line과 여자의 선은 그들이 어떻게 상호작용하고 있는지 나타내며, 두 선이 만나

〈표 3〉 신혼부부의 유형

유효 부부 validating couple	조용하고 친밀하며 서로를 배려해주고 경험을 공유하는 친구 같은 관계다.
회피 부부 avoiders	충돌이나 마찰을 의도적으로 회피하는 부부로 배우자에게 언제나 긍정적으로만 반응한다.
불안정 부부 volatile couple	낭만적이고 열정적이지만 논쟁을 심하게 하는 부부다. 안정과 불안정이 섞여 있으며 일반적으로 행복하지 않은 관계를 유지한다.
적대적 부부 hostile couple	한 배우자는 논쟁거리에 대해 말하기 싫어하고 상대방도 이에 동의하는 관계다. 부부 사이에 대화가 거의 없다.
적대적 · 고립 부부 hostile-detached couple	한 배우자는 화를 잘내고 논쟁을 하고 싶어 하지만 상대방은 논쟁에 무관심하다.

는 위치는 결혼의 실패 확률로 분석되었다. 긍정적 상호작용과 부정적 상호작용의 비율이 5대 1 이하로 떨어지면, 결혼 실패 확률이 높아졌다. 이런 분석을 통해 두 연구자는 700쌍의 신혼부부를 〈표 3〉과 같이 5가지 유형으로 분류했다.

각 유형의 특성을 바탕으로 두 연구자는 유효 부부와 회피 부부는 이혼을 하지 않고, 적대적 부부와 적대적 · 고립 부부는 이혼하리라고 예측했으며, 불안정 부부는 행복하지 않은 생활을 하지만 이혼은 하지 않을 것으로 예측했다. 이러한 예측의 정확성을 확인하기 위해 두 연구자는 실험 이후 12년에 걸쳐 1~2년의 간격을 두고 이들 부부에게 연락해 이혼 여부를 확인했다. 최종적으로 12년 후에 확인한 결과, 700쌍 신혼부부의 이혼 여부에 대한 예측은 놀랍게도 94퍼센트나 적중했다. 예측이 100퍼센트 완벽하지 않고 약간 오차가 난 것은 이혼은 하지 않은 상태로 불행한 결혼생활을 유지하리라고 예측했던 불안정 부부 중 일부가 실제로는 이혼을 해버렸기 때문이다.

두 연구자의 분석 결과는 『결혼의 수학: 동적 비선형 모델The Mathematics of Marriage: Dynamic Nonlinear Models』이라는 책으로 출간되었다.[2] 이 책은 주로 다른 연구자들을 위한 것이었지만, 존 고트먼은 이 연구 결과를 현실에서 적극적으로 활용하는 데 관심이 많았다. 이 연구는 이혼을 야기하는 부부 간의 파괴적인 의사소통 패턴을 극복할 수 있는 방법을 제시하고 있기 때문이다. 그는 부인 줄리와 함께 고트먼관계연구소The Gottman Relationship Institute를 설립해 부부관계 개선을 위한 비디오와 훈련 모임, 소통을 증진하는 다양한 프로그램을 제공한다. 고트먼관계연구소는 상담 치료사들을 위한 워크숍과 상담 지도자료를 만들었다. 특히 이틀 동안 진행되는 부부 워크숍에서는 참가자의 75퍼센트가 파탄이 난 관계를 회복하고 있다고 한다.

개인 신용 예측 모델

많은 사람이 은행을 이용하고 필요할 때는 대출을 받는다. 하지만 과거의 은행 대출 과정은 느리고, 객관적이지도 않으며, 더욱이 불공정하게 왜곡되어 있었다. 여신 담당자들이 주관적으로 고객의 신용도를 평가하고 그것을 바탕으로 대출을 승인하는 과정에서, 재량권을 남용해 친구를 돕거나 소수민족을 차별하는 등의 부작용이 많았다. 비과학적 대출 관행은 고객들의 채무 불이행 위험을 높였다. 물론 100여 년 전부터 소매상들이 서로 연합해 고객에 대한 재정 정보를 공유하고 이것이 나중에는 소규모 신용회사로 발전하기도 했지만, 체계적이고 분석적인 신용 예측 모델은 없었다.

미국 스탠퍼드대학 출신의 컴퓨터 엔지니어인 빌 페어Bill Fair와 수학자인 얼 아이작Earl Isaac은 은행의 여신 담당자를 개인 신용 예측 모델로 대신할 수 있다는 혁신적인 생각을 했다. 그들은 고객이 대출을 신청할 때 그 고객의 과거 재무적 행위(고객이 과거에 받은 대출을 어떻게 갚았는지)에 대한 자료를 활용해 계량화한 모델을 개발한다면 해당 고객이 대출을 갚을 수 있는 가능성, 즉 개인의 신용을 예측할 수 있다는 생각을 하게 되었다. 이렇게 개발한 예측점수(신용점수)를 이용하면 은행은 빠르고 더 나은 대출

〈표 4〉 개인의 금융 활동 내역

상환 내역	● 각종 계좌(주택담보 대출, 신용카드, 소매점 카드, 할부 금융 등) 지불 내역 ● 채무 불이행의 기간 ● 채무 불이행 계좌의 금액과 계좌수 등
채무 내역	● 계좌별 채무 금액 ● 잔액이 남아 있는 계좌수 ● 총 신용 가능 금액 중 사용한 금액의 비율 ● 미지급 할부 금액의 비율 등
신용 기간	● 계좌 개설 후의 기간 ● 계좌 사용 이후의 기간 등
새로운 신용	● 최근 개설한 계좌수 ● 최근 신용점수 요청 건수 ● 최근 개좌 개설 이후의 시간 ● 신용점수 요청 이후의 시간 등
사용한 신용의 종류	● 신용 계좌(주택담보 대출, 신용카드, 소매점 카드, 할부 금융 등)의 종류와 수

결정을 할 수 있게 된다. 두 사람은 1956년에 회사를 설립하고 신용 예측 모델 개발에 착수해 2년 뒤인 1958년부터 개인의 신용점수를 제공하기 시작했다.[3]

어떤 개인이 특정 시점에서 부채(대출이나 주택금융, 신용카드 등)를 갚을 가능성, 즉 신용도를 예측하는 모델 속에는 개인의 금융 활동 내역에 관한 다양한 변수가 포함되어 있는데 이 변수들은 〈표 4〉와 같이 5개 영역으로 구분할 수 있다.

미국에서 개인의 금융 활동에 대한 자료는 매우 풍부하다. 미국인의 모든 금융 관련 행위는 매달 신용보고기관Credit Reporting Agencies, CRA에 보고된다. 즉, 모든 금융기관은 고객의 계좌번호, 대출의 종류(주택금융 대출, 신용카드 대출, 자동차 대출 등), 현재 잔액, 회수 조치 내용, 대출 상환 내역 등을 CRA에 보고한다. 매달 45억 개 이상의 데이터가 신용 기록에 입력되는 것이다. 신용점수를 계산하는 계량적 모델을 개발하면, CRA 자료를 이용해 개인의 신용점수를 개발할 수 있다.

두 사람은 앞에서 제시한 다양한 변수들(과거 재무적 행위) 간의 관계와 패턴을 계량화해 신용점수(FICO 점수)를 산출하는 공식을 개발해 특허까지 받았다. 이 공식의 정확한 구성과 계산은 비밀로 되어 있지만(회귀 분석을 기초로 한 것은 알려졌다), 신용점수 계산에서 5개의 변수 영역이 차지하는 중요도(가중치)는 알려져 있다.(〈표 5〉)

FICO 점수는 300점에서 850점 사이인데, 점수가 높을수록 신용도가 높다. FICO 점수는 고객이 빌릴 수 있는 금액의 크기와 이자율에 영향을 미치는데, 770점 이상이면 대출이자가 가장 낮다. 700점 이상은 일반적으로 양호한 신용도로 평가되지만, 650점 이하가 되면sub-prime rate 금리가 크게 오른다. FICO 점수

〈표 5〉 신용점수의 중요도

상환 내역	35%
채무 내역	30%
신용 기간	15%
새로운 신용	10%
사용한 신용의 종류	10%

는 싸고(쉽게 계산됨), 신뢰도가 높으며, 더욱이 인종 · 성별 · 결혼 여부 · 소득 등을 고려하지 않기 때문에 공정하고 객관적이다. 은행이나 신용카드 회사와 같은 기관들은 고객들에게 돈을 빌려줌으로써 갖게 되는 잠재적인 위험을 신용점수를 이용해 쉽게 평가하게 되어 신용시장의 효율성이 크게 개선되었다. 고객들로서도 신용을 얻기가 쉬워졌으며 비용도 낮아졌다.

FICO 점수는 현재 전 세계 1,400여 개의 금융기관이 사용하고 있고, 그중에는 미국 100대 은행 중 99개 은행, 세계 50대 은행 중 49개 은행, 미국 100대 신용카드 회사 전부가 사용하고 있다. 또한 신용 제공과 관련 없는 많은 회사(보험회사, 이동통신회사, 부동산 임대회사, 금융기관 자회사 등)가 영업을 하는 데 FICO 점수를 활용한다. 예를 들면 보험회사가 어떤 고객과 보험계약을 할 것인지, 계약을 한다면 보험료는 얼마로 할 것인지 FICO 점수를 바탕으로 결정하는 것이다.

프로그레시브 보험회사Progressive Insurance는 1996년부터 자동차 보험을 계약할 때 고객의 신용점수를 활용하기 시작했는데, 그것은 고객이 사고를 낼지 예측하는 데 신용점수가 놀라울 정도로 높은 예측력을 갖기 때문이었다. 이제는 많은 보험사가 고객의 보험계약에도 신용점수를 활용하고 있다.

날씨로 예측하는 명품 와인의 가격

명품 와인은 뛰어난 맛 때문에 상당히 높은 가격으로 거래된다. 특히 희소성이 높은 명품 와인은 투자 대상으로도 가치가 높기 때문에, 즉 시간이 지나면 와인 가격이 더 높아지기 때문에 경매auction 시장에 단골 상품으로 등장한다. 명품 와인은 대개 몇 년간 저장된 후 출시 과정에서 오랜 경험을 가진 감별사가 직접 향을 맡고 맛을 본 후에 가격이 결정되는 수공업적인 구조다.

그런데 미국 프린스턴대학의 오를리 아셴펠터Orley Ashenfelter 교수와 동료들은 직접 와인의 향을 맡고 마셔보지 않고도 포도가 재배된 당시의 날씨만으로 명품 와인의 가격을 정확히 예측할 수 있는 와인 방정식을 발표했다.[4] 이 와인 방정식은 소위 와인 전문

〈표 6〉 명품 와인 가격에 미치는 변수

● 명품 와인 가격
● 겨울철 강수량(10월~3월)
● 포도 성장 기간 중 평균 기온(4월~9월)
● 포도 수확 기간 중 강수량(8월~9월)
● 제조 후 숙성 기간(연도)

가들을 크게 당황하게 했다. 명품 와인의 감정을 데이터 분석만으로도 할 수 있다는 주장에 와인 전문가들이 크게 놀란 것이다. 이에 『뉴욕타임스』는 '와인 방정식이 와인 감별사들의 코를 무색하게 했다'는 제목의 기사를 내보냈다(1995년 3월 4일).

아셴펠터 교수와 동료들은 명품 와인의 가격을 예측하기 위해 과실의 질은 그 과실이 자라는 계절의 날씨에 크게 영향을 받는다는 일반적인 상식에 주목했다. 특히 포도 재배는 날씨의 영향을 가장 많이 받는다. 일반적으로 여름철 기온이 높으면 포도가 잘 익어서 부드러운(신맛이 덜한) 와인이 되고, 강수량이 적으면 포도즙이 진하게 농축되어 맛이 진해진다. 와인 가격 예측 모델에서 종속 변수는 명품 와인이 거래된 가격이었다. 날씨와 관련된 독립 변수는 포도 재배 전인 겨울에서 봄까지의 강수량, 봄에서 가을까지의 포도 성장 기간 중 평균 기온, 포도 수확 기간 중

강수량이 선정되었다. 연구자들은 부가적으로 와인 제조 후 숙성 기간을 와인 가격에 영향을 미치는 독립 변수로 추가해 모두 5개의 변수를 선정했다.(〈표 6〉)

변수 측정은 상대적으로 쉬웠다. 프랑스 보르도Bordeaux 지역의 명품 와인이 1952년부터 1991년까지 런던 경매 시장에서 거래된 자료에서 와인 가격과 숙성 기간을 측정했다. 평균 기온과 강수량은 기상청의 자료를 이용했다. 아센펠터 교수와 동료들은 날씨와 숙성 기간이 와인 가격에 미치는 영향을 분석하기 위해 회귀 분석을 적용했는데, 추정된 회귀 모델은 다음과 같았다.

와인 가격=12.145 + (0.0238×숙성 기간) + (0.616×성장 기간 평균 기온) − (0.00386×수확 기간 강수량) + (0.00117×겨울철 강수량).

숙성 기간이 길수록, 포도 성장 기간 중 평균 기온이 높을수록, 겨울철 강수량이 많을수록 와인의 가격이 높아졌다. 반면에 포도 수확 기간 중 강수량이 많을수록 와인의 가격은 낮아졌다. 이 와인 방정식은 명품 와인 가격의 변화를 83퍼센트라는 높은 수준으로 설명했는데(결정계수: R^2), 이는 이 변수만으로 와인 가격을 충분히 정확하게 예측할 수 있음을 의미한다.

아센펠터 교수와 동료들은 연구 결과를 미국통계학회에서

발행하는 『Chance』(Vol.8 No.4, 1995)에 「보르도 명품 와인의 질과 날씨Bordeaux Wine Vintage Quality and the Weather」라는 논문으로 발표했다. 이 논문은 다양한 분야에 분석이 성공적으로 적용될 수 있음을 보여주는 사례로 큰 주목을 받았다. 『뉴욕타임스』는 와인 방정식이 와인 감별사들의 코를 무색하게 했다고 했지만, 가장 유명한 와인 비평가인 로버트 파커Robert Parker Jr.는 이런 분석적 접근을 '순 엉터리'라며 원색적으로 비난했다. 또한 일부 와인 전문가들도 와인 방정식은 통계학자들의 심심풀이 소일거리에 지나지 않는다고 폄하했다.

물론 와인을 실제로 마셔보는 것이 와인의 품질을 판단하는데 정확할 것이다. 하지만 명품 와인의 맛을 제대로 보려면 와인을 만들고 나서도 몇 년은 더 기다려야 한다. 와인 방정식은 감별사들의 코나 혀에 의지하지 않고도 포도를 수확하자마자 미리 명품 와인의 가격을 상당히 정확하게 예측해 의사결정에 활용할 수 있다는 장점 때문에 그 활용도가 점점 높아지고 있다. 런던 크리시티 경매소의 와인 책임자인 마이클 브로드벤트Michael Broadbent는 다소 외교적으로 이렇게 말했다.

"많은 이가 아센펠터를 괴짜라고 생각합니다. 저 역시 그가 여러 면에서 그렇다고 생각합니다. 하지만 저는 시간이 지날수록 그의 아이디어와 연구가 대단히 잘 들어맞고 있음을 알게 되었습니다. 그의 연구는 와인을 구매하고자 하는 사람들에게 큰 도움이 될 수 있습니다."[5]

캐피털원의 맞춤형 신용카드 전략

현대의 경영에서 중요한 흐름은 다양한 산업 영역에서 빅데이터를 고객 만족을 위한 새로운 기회를 찾으려는 도구로 활용하는 것이다. 이런 추세를 대표적으로 보여주는 사례가 미국의 신용카드 회사인 캐피털원Capital One이다. 캐피털원은 빅데이터 분석을 바탕으로 한 대중 맞춤mass customization 카드의 개척자로 무려 6,000여 종의 신용카드를 발행하고 있다. 그리고 짧은 역사에도 미국 5대 카드회사로 폭발적인 성장을 기록했다. 캐피털원이 신용카드 시장에 일대 혁신을 일으키며 새로운 기회를 포착하고 시장의 규칙을 바꾼 과정은 매우 흥미롭다.

캐피털원의 공동 창립자인 리처드 페어뱅크Richard Fairbank와 나이절 모리스Nigel Morris는 신용카드 시장에 전혀 경험이 없는 경영 컨설턴트였다. 하지만 그들은 고객들에 대한 데이터를 분석해 세분화한 뒤, 각각의 조건(이자율, 계약 조건, 수수료 등)에 맞는 맞춤형 카드를 개발하면 많은 고객을 끌어올 수 있을 것이라고 생각했다. 그들은 이 아이디어를 실행하고자 여러 은행과 접촉했지만, 카드 연회비에 집착하는 보수적인 은행들의 문턱을 넘지 못했다. 거의 2년에 걸친 노력 끝에 두 사람은 버지니아 중부의 작은 은행인 시그넷Signet Bank에서 기회를 잡을 수 있었다.

그들은 시그넷에서 회원 정보, 구매 기록 등 회원들에 관한 다양한 정보를 축적해 집중적으로 분석했다. 분석 결과 고객들을 약 300개의 그룹으로 분류할 수 있었고, 각 세분 그룹 고객들의 예상된 선호에 맞춰 이자율과 계약 조건 등을 조정한 약 300개의 맞춤형 신용카드를 출시했다. 특히 고객 데이터 분석을 통해 확인한 가장 이상적인 신용카드 고객들은, 즉 카드회사에 가장 많은 이윤을 가져다주는 고객들은 카드 대출을 매달 일부만을 갚아나가는 사람들이었다.

신용카드 시장에서는 그런 고객들에게 13~17퍼센트의 이자율을 부과하고 있었다. 캐피털원은 그런 고객들을 다른 카드회사에서 빼내오기 위해 신용카드 시장에서는 혁명적이라고 할 수 있는 방법을 고안했다. 그것은 고객들이 높은 이자율의 카드에서 시그넷의 낮은 이자율의 카드로 채무를 이전할 수 있도록 하는 채무 이전balance transfer 카드였다. 또한 채무 이전을 더욱 유인하기 위해 최초 이율이 거의 0퍼센트에 가까운 티저 금리teaser rate를 창안했다.

시그넷의 이런 혁신적인 카드는 기존 카드회사에서 수백만 명의 고객을 유인해 커다란 성공을 거두기 시작했다. 타깃 마케팅을 시작한 1992년에 매출이 크게 늘기 시작해 3년 만에 신용카드 부문이 본사인 시그넷은행보다 커지게 되었고, 캐피털원이라는 회사로 분사spin-off했다. 이후 8년 동안 캐피털원은 약 5,000만 명의 회원을 유치했는데, 2002년에는 매일 1만 명의 새로운 회원이 가입했을 정도다. 현재 캐피털원은 미국에서 5번째 신용카드 발행회사로 성장했으며, 이자율 · 계약 조건 · 카드 혜택 등이 서로 다른 6,000여 종의 카드를 발행하고 있다.

예를 들어 어떤 카드는 연회비가 없는 신용한도 2,000만 원의 벤츠동호회 카드도 있고, 연회비 3만 원에 신용한도가 20만 원인 카드도 있다. 이렇게 빅데이터 분석을 바탕으로 한 대중 맞춤 전략으로 캐피털원은 알맞은 고객에게 알맞은 가격으로 맞춤형 신용카드를 제공했다.

많은 은행과 카드회사가 캐피털원의 성공 비결을 그대로 따라 했지만, 별로 성공을 거두지는 못했다. 그 이유는 2가지로 볼 수 있다. 첫째는 경쟁사들이 데이터베이스, 즉 고객에 대한 다양한 정보 축적 측면에서 캐피털원에 크게 뒤처져 있었다. 캐피털원의 고객 정보는 PC 20만 대 이상의 하드 드라이브를 꽉 채울 정도로 풍부하다. 둘째는 이런 다양한 정보에서 인사이트를 추출하는, 즉 새로운 카드 서비스를 창안하는 알고리즘과 운용 경험에서도 크게 뒤처져 있었다. 캐피털원은 데이터 분석을 통해 새로운 카드의 아이디어를 추출하면 실험과 조정 등의 과정을 통해 이것을 확인한 뒤 가능한 한 빨리 출시한다. 다시 말해 카드 서비스를 디자인하는데도 과학적인 방법을 그대로 따르고 있는 것이다.

빅데이터 시대에 데이터는 새로운 원유原油와 같다. 원유가 정유 과정을 거쳐야만 가솔린이나 플라스틱 등의 다양한 물질로 변하듯이, 데이터도 분석 과정을 거쳐야만 새로운 가치를 드러낸다. 캐피털원의 사례는 빅데이터 시대의 가장 중요한 핵심을 시사하고 있는데, 그것은 바로 "이제 빅데이터 시대에 경쟁의 승부는 누가 더 많은 데이터를 갖고 있고, 누가 그것을 다른 사람들보다 잘 활용하는지에 달려 있다"는 것이다. 그리고 개인 선호에 대한 예측을 바탕으로 새로운 서비스나 상품을 개발하려는 노력이 전성시대를 맞고 있다.

월마트의 소셜 게놈 프로젝트

월마트는 전 세계 27개국에 1만 1,695개의 점포를 운영하고 있으며, 종업원은 약 230만 명이고 매출은 4,850억 달러로(2016년) 현재 세계 최대의 유통업체다. 매주 2억 5,000만 명의 고객이 구매한 데이터만 해도 엄청나서 시간당 2.5페타바이트의 데이터를 분석하고 있다. 월마트는 이미 1990년대부터 '리테일 링크Retail Link'라는 재고관리 시스템을 사용하고 있다. 월마트에 납품하는 업체들은 이 시스템을 통해 각 점포 내의 재고량은 물론 시간당 판매량과 1일 판매량 등의 세세한 정보를 확인해 납품 시기 결정과 재고관리에 효과적으로 활용한다.

2004년부터는 고객이 구매한 내역도 분석해 상품 간의 연관성을 찾아내기 시작했다. 이를테면 고객들이 언제, 어떤 아이템을 구입했는지, 구매 원가는 얼마였는지, 어떤 제품을 함께 구매했는지, 심지어 그날 날씨는 어땠는지 분석하는 것이다. 예를 들면 허리케인이 오기 직전에 고객들이 함께 구매한 상품을 분석해 보니 손전등과 팝타르트Pop-Tarts 과자의 판매량이 동시에 증가하는 패턴이 나타났다. 이는 팝타르트 과자가 허리케인이 닥쳤을 때 비상식량으로도 활용된다는 것을 의미했다. 이를 바탕으로 월마트는 허리케인 용품 옆에 팝타르트 박스를 진열해 구매를 유도했다.

월마트는 SNS와 모바일의 중요성이 커지자 지역별로 모바일과 소셜 쇼핑의 특징을 실시간으로 분석해 새로운 기회를 찾으려는 시도를 하기 시작했다. 이를 위해 2011년에 소셜미디어 분석 회사인 코스믹스Kosmix를 인수해 사내에 월마트랩@WalmartLabs이라는 조직을 만들었다. 월마트랩은 각 지역의 트윗과 페이스북 담벼락 정보 등을 분석해 지역별 고객의 선호도와 그 변화를 예측한 뒤, 이를 토대로 고객이 관심을 가질 만한 상품을 실시간으로 추천하거나 인근 점포의 상품 라인업과 전시를 조정한다. 예를 들어 캘리포니아 마운틴뷰 지역에서 자전거에 대한 관심이 증가하는 것으로 분석되면 해당 지역 매장들의 입구에 자전거 코너를 특별히 설치하고 제품 구색도 다양하게 함으로써 매출을 크게 증가시켰다.[6]

소셜 게놈 프로젝트는 월마트랩에서 수행되는 많은 혁신 중의 하나다. 소셜 게놈은 수억 건의 페이스북 메시지, 트윗, 유튜브 비디오, 블로그 포스팅 등을 분석하는 솔루션이다. 〈그림 1〉은 월마트랩이 설명하는 소셜 게놈 솔루션의 한 사례를 보여준다.[7]

어느 고객이 "나는 솔트salt가 정말 좋아!"라고 열정적으로 트윗을 했다. 이 작은 트윗이 수 초 안에 월마트랩에 도착한다. 여기에서 주요 관련 내용들이 번개같이 분석된 뒤, 몇 분 후에 그 고객의 친한 친구에게 이런 이메일이 보내진다. "안녕하세요, 줄리아나. 저희에게 친구 해나의 생일을 상기시켜달라고 요청하셨죠. 해나의 생일이 다가오고 있습니다. 그녀는 방금 앤젤리나 졸리Angelina Jolie가 출연한 새로운 영화 〈솔트SALT〉(2010년)에 대해 긍정적으로 트윗을 했어요. 당신은 그녀를 위해 그 영화와 관련된 상품을 사지 않으시겠습니까? 추천 드릴 상품이 몇 개 있습니다."

이런 시나리오를 현실화하기 위해 월마트랩은 무엇을 하고 있을까? 그 고객이 솔트salt라고 했을 때 그것이 '소금'이라는 양

〈그림 1〉 소셜 게놈 프로젝트 사례

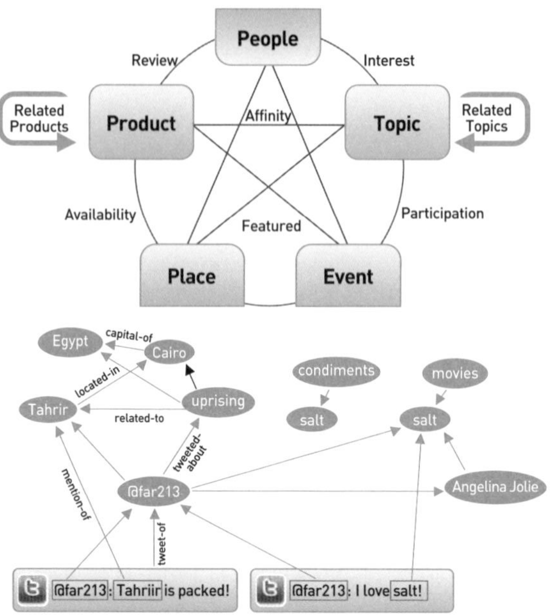

"I love salt!", a user enthusiastically tweeted. Within a few seconds, the tiny tweet had arrived at WalmartLabs, where it was analyzed in a lightening fast fashion. A few minutes later, a message arrived in a close friend's mailbox "Good morning, Juliana. You asked us to remind you. Hanna's birthday is coming up. She's just tweeted positively about SALT, a new Angelina movie. Would you like to buy something related for her? We have a few suggestions."
What are the labs doing to realize such scenarios? How can we tell that a user meant "salt" the movie, not the condiment?

념이 아니라 영화 제목인 것을 월마트랩은 어떻게 알아차렸을까? 이 여성에 대한 정보를 축적하고 지속적으로 분석해 취향을 파악하고 있었기 때문이다. 구매 이력 등 고객 정보와 SNS 게시글 등 외부 데이터를 통합해 고객의 행동을 예측하는 데 활용한 것이다. 이를 위해 월마트랩은 SNS 게시글에서 단순 키워드 검색이 아닌 문장의 의미를 파악하는 분석 엔진도 개발했다.

베노플러스겔의 리포지셔닝 전략

새로운 기회를 모색하는 데 캐피털원이나 월마트처럼 대규모적인 접근이 꼭 필요한 것은 아니다. 문제를 어떻게 해결해야 하는지에 따라 비교적 간단한 분석만으로도 접근이 가능하다. '멍약 중의 멍약'으로 자리 잡은 베노플러스겔의 사례를 보자. 인터넷 포털사이트 네이버나 다음 검색창에 '멍 빨리 없애는 법', '멍 없애는 연고' 등을 입력하면 연관되어 단골로 등장하는 일반의약품이 있다. 바로 유유제약의 '베노플러스겔'이다. 불과 몇 년 전만 해도 유유제약은 베노플러스겔을 '진통소염제'로 판매하고, 영업 사원들도 이 제품을 '멘소래담'과 유사한 제품이라고 선전했다. 그나마 차별적인 강점으로 내세운 것은 "피부 자극이 적으니 아기들의 민감한 피부에도 사용할 수 있다"는 정도였다.

하지만 멍 치료제라는 새로운 시장을 개척한 후 베노플러스겔의 인지도와 매출은 크게 상승했다. 타깃 고객층을 아이에서 성인 여성으로 바꾸고 단순 의약품을 넘어 미용에도 도움이 되는 뷰티 상품으로 리포지셔닝한 덕택이다. 베노플러스겔의 리포지셔닝 전략은 소셜미디어 분석에서 탄생했는데, 그 과정이 흥미롭다.

베노플러스겔은 유유제약이 1988년부터 생산한 '바르는 진통소염제'였지만, 이 카테고리에는 이미 '물파스'뿐 아니라 '멘소래담', '안티프라민' 등 소비자들에게 깊이 각인된 브랜드들이 있었다. 따라서 베노플러스겔을 아는 사람도 거의 없었고, 매출액도 지난 10년 넘게 변화가 없었다. 유유제약은 침체를 돌파하기 위해 소셜미디어 분석에 주목했다. 매일 수억 건이 오고가는 카카오톡 등의 문자 메시지와 페이스북이나 트위터 등과 같은 소셜미디어에 게시되는 글 속에는 개인들의 솔직한 생각이 고스란히 담겨 있다. 유유제약은 소셜미디어 분석을 통해 소비자들의 마음을 읽는다면, 새로운 기회를 포착할 수 있을 것으로 판단했다. 국내 제약업계 최초의 빅데이터 마케팅은 바로 이렇게 시작되었다.

유유제약은 2012년 초부터 방대한 데이터 분석에 나섰다. 트위터, 페이스북, 블로그 등을 통해 무려 26억 건의 소셜 데이터를 분석한 결과, 부기나 타박상에는 물파스뿐 아니라 멘소래담, 안티프라민 등의 제품과 정형외과 치료에 대한 연관 검색어가 많았다. 또한 벌레 물린 데는 '버물리'처럼 확실히 각인된 브랜드가 있었지만, 멍에 대해서는 소비자들에게 인식된 특별한 연고가 없다는 사실을 발견했다. 사람들은 대부분 멍을 없애기 위해 달걀이나 쇠고기를 이용할 생각만 하고 있었다.

물론 멍 빼는 연고에 대한 질문도 있었지만, 그에 대한 답변으로 구체적인 브랜드가 언급된 경우는 거의 없었다. 그저 '약국에 가서 멍 빼는 약 달라고 말하면 됩니다' 식의 답변만 있을 뿐이었다. 더욱이 3억 4,000만 건의 블로그 글을 텍스트마이닝text mining(비정형 텍스트 데이터에서 새롭고 유용한 정보를 찾아내는 기술)한 결과, '멍-여성' 키워드 조합이 '멍-아이' 키워드 조합보다 6배 정도 많았다. 이는 여성들을 대상으로 한 잠재 시장이 아이들을 대상으로 한 시장의 크기보다 압도적으로 크다는 것을 의미했다.

또한 사람들이 멍들었을 때 가장 많이 하는 행위는 '가리기'로 나타났다. 멍을 가리는 행위에 대해 심층 분석해보니 미니스커트나 민소매 옷을 입을 때 무릎이나 팔, 다리 등에 생긴 멍을 숨기려고 메이크업으로 가리고 다니는 경우가 많았다. 그에 따라 계절적으로는 멍에 대한 관심이 노출이 많은 여름철에 집중적으로 몰릴 것이라고 예상했는데, 의외로 겨울철에도 여름과 거의 비슷한 수준으로 멍과 관련된 검색이 급증하는 현상을 발견했다. 그 원인은 다름 아닌 성형 특수 때문이었다.

고3 수험생이나 대학생들이 겨울방학 기간을 이용해 성형을 많이 하다 보니 얼굴에 남아 있는 멍과 부기를 제거할 방법에 대한 검색이 늘어났던 것이다. 분석 결과를 요약하면 우선 멍에 대해서는 일반 의약품 시장을 지배하는 선점 브랜드가 없고, 멍에 대한 수요는 아이들보다 여성들이 훨씬 크다는 것이었다. 또한 베노플러스겔이 지향해야 할 목표 시장은 일반 의약품뿐만 아니라 미용, 더 나아가 성형외과도 연관시켜 포지셔닝할 수 있음을 시사했다.

이 같은 분석 결과를 바탕으로 유유제약은 2012년 여름부터 기존 마케팅과는 전혀 다른 접근을 시도했다. 우선 베노플러스겔의 타깃 고객층을 기존의 아이에서 성인 여성으로 바꾸면서 포스터부터 새로 제작했다. 과거에는 '못난이 인형'을 광고 모델로 내세우고 '아이들 피부에는 부드럽게 감싸주는 베노플러스겔을 발라주세요'라는 문구를 달았다. 반면 일러스트 형식으로 새롭게 바뀐 광고에서는 치마를 입은 여성이 멍든 무릎을 보면서 '이런 멍 같은 경우엔 베노플러스'라는 메시지를 전달하게 했다.(〈사진 1〉)

또한 겨울철 성형 수요를 의식해 겨울용 광고 포스터도 따로 제작했다. 성형 후 얼굴에 붕대를 감은 여성이 쇠고기나 달걀 대신 베노플러스겔을 선택하는 장면을 연출, 수술 후 멍과 부기를 빨리 빼고 싶어 하는 여성들의 고민을 정면으로 다루었다. 더욱이 새로 제작한 광고를 성인 여성들이 많이 보는 패션 · 뷰티 잡지에 집중적으로 광고를 게재했는데, 패션지에 광고를 낸 건 73년 유유제약 역사상 처음 있는 일이었다. 이 밖에 지하철 열차 내부

〈사진 1〉 **베노플러스겔의 광고 변화**

에도 장기 광고를 게재하고, 제품 디자인도 새롭게 바꾸었다. 의약품 분위기가 풍기는 일상적인 연고 디자인에서 립글로스처럼 매끄러운 튜브 형태의 용기로 바꾼 것이다. 제품 포장지에 '부은 데, 멍든 데, 타박상, 벌레 물린 데' 순서로 표기되어 있던 용도 설명도 '멍, 부기, 타박상, 벌레 물린 데'식으로 순서를 바꿔 멍이라는 단어가 맨 앞에 오도록 다시 디자인했다.

당연히 멘소래담과 유사한 제품이라는 판매 전략에도 변화를 주었다. '베노플러스겔은 멍 빼는 데 특효'라는 점을 적극 내세우며 약사들과 적극적으로 커뮤니케이션했다. 심지어 이전에는 신경 쓰지도 않았던 성형외과 의사들에게까지 찾아가 제품에 대해 알렸다. 오프라인뿐 아니라 온라인에서 입소문을 내기 위한 마케팅에도 힘썼다. 의약품 관련 후기를 쓰는 블로거들은 물론이고 화장품이나 미용 관련 제품 리뷰를 많이 하는 파워블로거들에게도 베노플러스겔의 존재를 적극적으로 알렸다.

베노플라스겔의 리포지셔닝 전략은 일반 약국은 물론 성형외과나 정형외과에서도 베노플러스겔에 대한 문의가 올 정도로 큰 성공을 거두었다. 또한 인터넷 포털사이트에서 베노플러스겔의 검색 건수가 5배 넘게 늘어난 반면에 '멍 빨리 없애는 법'이라는 검색은 33퍼센트 줄어들었다. 그만큼 사람들이 '멍 빨리 없애는 법'을 검색하는 대신 '베노플러스겔'을 검색한 결과였다. 그에 따라 매출도 불과 1년 만에 50퍼센트가 늘어났다. 이러한 성공의 덕택으로 유유제약은 한국정보통신진흥협회에서 주최한 '제1회 빅데이터 활용 · 분석 경진대회'(2013년)에서 은상을 수상했다.

링크트인의 PYMK 서비스

기업은 데이터 분석을 통해 효율 증대, 비용 절감, 위험 관리, 빠르고 더 나은 의사결정 지원 등의 효과를 거둔다. 하지만 기업이 빅데이터로 이루려는 가장 큰 목표는 새로운 서비스와 제품을 개발하는 데 데이터 분석을 사용하는 것이다. 그리고 이런 목표가 성공하면 기업은 성과를 크게 올리면서 새로운 도약의 계기를 맞게 된다. 간단한 새로운 서비스를 제공함으로써 기업 도약의 발판을 마련했던 대표적인 사례로는 링크트인LinkedIn의 PYMKPeople You May Know라는 약자로 불리는 서비스, 즉 '당신이 알 수도 있는 사람'을 제안해주는 서비스다.

링크트인은 비즈니스 중심의 소셜네트워크서비스 기업이다. 주로 관심 있는 분야나 경력에 속한 친구들이나 동료들을 연결해주는 전문적인 네트워킹 서비스를 제공한다. 현재 200여 개국에 약 5억 명의 회원이 있으며, 적극적으로 참여하는 회원만도 1억 명 이상이다. 또 세계적으로 20번째로 인기 높은 웹사이트다. 링크트인은 마이크로소프트가 2016년 6월에 262억 달러라는 천문학적인 금액으로 인수하면서 그 높은 기업 가치가 입증되었다.

링크트인의 수익 모델은 구인을 원하는 기업이나 채용기관에 링크트인 회원들의 정보에 접근할 수 있는 권한을 파는 것이다. 따라서 많은 회원 수 확보가 기업 성장에 필수적이었다. 2002년에 설립된 링크트인은 2006년에 회원이 800만 명 정도였는데, 이는 경영진의 기대에 크게 못 미치는 숫자였다. 더욱이 다른 회원들과 교류하거나 인맥을 활발하게 맺지 않는 것이 문제였다. 친구나 동료들을 웹사이트에 초청한다든지 하는 회원들의 활동도 매우 미흡했다.

사용자 경험에 중요한 무엇이 빠져 있었기 때문에 회원들 간의 교류를 활성화하는 새로운 돌파구가 필요했다.[8] 링크트인의 한 매니저는 당시의 상황을 이렇게 표현했다. "마치 콘퍼런스의 환영 연회에 참석했는데 아는 사람이 한 명도 없다는 것을 깨달은 것과 같았어요. 그러면 한쪽 구석에 홀로 서서 음료나 홀짝이다가 아마도 일찍 자리를 떠나겠죠."

'당신이 알 수도 있는 사람PYMK'은 링크트인이 2006년에 처음으로 시작한 서비스다. 두 회원들 간에 잠재적인 연결link이 있는지 정확히 예측하는 시스템이다. PYMK는 그 이름에서 알 수 있듯이 회원들이 네트워크를 넓힐 수 있도록 그들이 알 수도 있는 다른 회원들을 제시해준다. 이 서비스를 고안한 사람은 링크트인의 데이터 사이언티스트인 조너선 골드먼Jonathan Goldman이다.

그는 회원들의 프로필 데이터 속에서 회원들 간의 연결을 찾아내 이를 제시해주는 알고리즘을 개발했다. 하지만 웹사이트의 확장 작업에 몰두하고 있던 링크트인의 개발자들은 골드먼의 아이디어에 관심이 없었다. 심지어 일부 동료들은 '왜 링크트인이 고객들의 네트워크까지 찾아주어야 하느냐'며 그의 아이디어를 멸시하기까지 했다.

하지만 당시 링크트인의 공동 설립자이자 CEO였던 리드 호프먼Reid Hoffman은 데이터 분석의 힘을 신봉하는 경영자였다. 호프먼은 골드먼에게 전형적인 서비스 릴리스 방식을 피하라고 요청했다. 즉, 링크트인의 가장 인기 있는 페이지에 PYMK를 광고

〈사진 2〉 당신이 알 수도 있는 사람

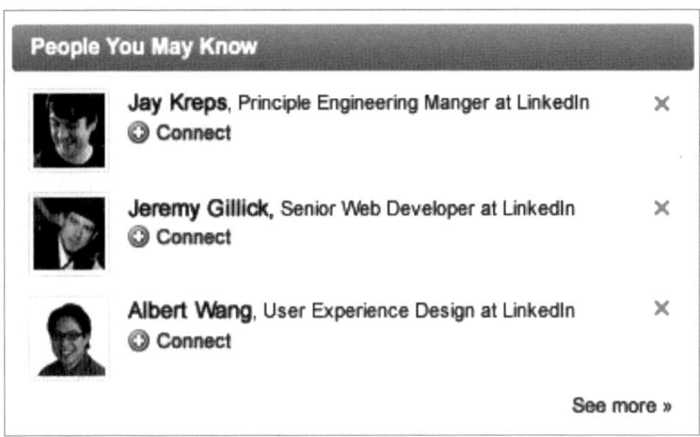

모듈 형태로 실을 수 있도록 했다. 구체적으로는 회원 가입 시에 작성한 프로필을 기반으로 해서 각각의 회원이 가장 잘 알고 있을 것으로 예측된 3명의 다른 회원을 〈사진 2〉와 같은 광고 형태로 제시했다. 이런 방식으로 골드먼은 회원들에게 아직 연결을 맺고 있지는 않지만 알 수도 있는 사람(예를 들면 동일한 시기에 같은 학교를 다녔거나 같은 직장에서 근무한 사람)을 제시하면 어떤 일이 일어날지 실험하기 시작했다.

실험을 시작한 지 며칠도 지나지 않아 놀라운 변화가 일어나기 시작했다. 그런 광고에 대한 전환율이 이전에는 경험하지 못한 수준으로 가장 높았던 것이다. 링크트인의 경영진은 PYMK의 위력에 놀라 이 서비스를 아예 정식의 표준 서비스로 제공하기 시작했다. 또한 골드먼은 PYMK 예측이 만들어지는 방법을 계속 해서 개선했다. 예를 들면 친구의 친구 관계 혹은 '삼각 친밀관계 triangle closing'도 활용했다.

앨리스Alice가 밥Bob을 알고 밥이 캐럴Carol을 안다면, 아마 앨리스도 캐럴을 알 것이다. 더욱이 이런 삼각관계는 앨리스와 캐럴의 학교, 조직, 나이, 지역 등의 배경에서 중복 여부와 중복 기간을 감안해 점수화했다. 예를 들면 같은 조직에 있었던 경우에도 지역과 중복 기간이 긴 경우에 점수가 높도록 했더니 두 사람의 관계 예측이 성공할 확률이 높아졌다.

결과적으로 데이터 분석을 바탕으로 한 링크트인의 PYMK 서비스는 많은 새로운 고객을 만들어냈다. 링크트인이 고객들을 웹사이트로 돌아오게 하기 위해 보냈던 다른 메시지와 비교하면 PYMK 메시지는 30퍼센트나 더 많은 클릭률을 달성했다. 그렇지 않았으면 재방문하지 않았을 수백만 명의 고객이 웹사이트를 재방문한 것이다. 이 단 하나의 새로운 서비스 덕분에 링크트인의 성장 곡선은 급격히 상승했다. PYMK의 가치를 입증하는 또 하나의 요소는 다른 많은 소셜사이트가 이와 유사한 기능을 추가했다는 점이다. 지금은 페이스북, 트위터, 구글 등 대부분의 기업들도 이와 유사한 기능의 서비스를 제공한다.

개인화 추천의 전성시대

톰 크루즈Tom Cruise가 출연한 〈마이너리티 리포트〉(2002년)라는 영화가 있다. 이 영화에서는 초능력자 3명이 아직 벌어지지 않았지만, 가까운 미래에 벌어질 범죄를 예측한다. 이 예측을 근거로 팀의 리더인 존 앤더튼(톰 크루즈 분)은 곧 범죄를 저지를 것으로 예측되는 사람들을 체포한다. 이처럼 예측을 한다는 것은 예측에 근거해 구체적인 행동을 한다는 것을 의미한다. 기업에서는 예측을 대부분 개인화 추천으로 활용한다. 빅데이터 시대에 지속적으로 영역이 확대되고 있는 것이 개인화 추천 시스템이다. 특정 상품이나 서비스를 구매할 확률이 높은 고객을 예측해 그 고객에게 해당 상품이나 서비스를 추천하는 것이다.

인터넷 쇼핑의 빠른 성장으로 소비자들은 자신들이 원하는 서비스와 제품을 효과적으로 찾아야 하는 문제에 직면했다. 그래서 기업들은 다양한 추천 시스템을 개발 · 활용하고 있다. 예를 들어 온라인에서 자신의 취향과 선호에 맞는 여행지를 정하고 이동수단과 호텔을 선정해 예약하기 위해서는 상당한 시간 동안 정보를 탐색해야 한다. 하지만 개인 맞춤형 여행 추천 시스템은 개인의 인구 통계적 특성, 취향, 과거의 여행 기록 등을 토대로 고객이 가장 흥미를 가질 만한 장소를 예측해 추천해줌으로써 이런 정보 탐색의 부담을 크게 줄여준다.

온라인 쇼핑의 급속한 증가가 개인 맞춤형 추천 시스템의 발달로 자연스럽게 이어진 것은 이런 이유 때문이다. 아마존 매출의 35퍼센트는 추천으로 발생하고, 넷플릭스에서 다운로드되는 영화의 약 80퍼센트는 추천에서 발생하고 있을 정도다. 이제 개인화 추천 알고리즘은 기업의 성패를 좌우하는 수단이자 핵심 자산이 되고 있다.

개인화 추천 기법은 어떤 정보(제품 특성, 고객 취향, 구매 기록 등)를 사용해 개인이 가장 좋아할 만한 아이템을 추천하느냐에 따라 몇 가지로 나눌 수 있다. 그중에서도 가장 성공적이고 많이 사용되는 협업 필터링collaborative filtering 기법은 고객들의 유사한 행위(구매, 시청, 청취 등)나 평가 정보를 활용한다. '협업'은 많은 다른 고객의 선호 정보를 바탕으로 개인별로 추천한다는 의미이며, '필터링'은 추천을 자동으로 수행한다는 것을 말한다. 많은 온라인 추천 시스템의 기반이 되는 이 기법의 대표적인 사례는 넷플릭스가 개발한 영화 추천 엔진 '시네매치'다. 넷플릭스의 성공 비결은 바로 개인 맞춤형 영화 추천을 잘 활용했기 때문이다.

빅데이터 시대에 기업들은 고객들을 '강남 거주 20대 여성'과 같이 하나의 집단으로 분류하고 일방적인 마케팅 메시지를 전달해서는 성공할 수 없다. 날마다 연속적으로 유입되는 엄청난 데이터 속에는 고객들에 대한 수많은 정보, 즉 고객들이 어디서,

어떤 브랜드를, 얼마의 가격으로, 어떻게 구입했는지에 대한 정보가 숨어 있다. 이 정보를 실시간으로 분석하고 고객들의 선호를 예측해 개인 맞춤형 서비스나 상품을 적시에 정교하게 추천할 수 있는 기업만이 치열한 경쟁에서 앞서갈 수 있다.

제7장

빅데이터로 서비스를 혁신하다

● 디지타이징 비즈니스 유형 3 · 4

[기업은 모든 훌륭한 전략을 세울 수 있지만, 그에 맞는 기업 문화가 없다면 그 기업은 죽은 것이다.

★ 패트릭 화이트셀Patrick Whitesell(WME CEO)]

하코의
청소 토털 솔루션

지금까지는 기업이 속한 기존 시장에서 디지타이징 비즈니스로 생산성 향상, 이상 탐지, 개인화 추천, 새로운 기회 발견 등을 다루었다. 이런 과정을 거쳐 기업이 해당 영역에서 분석적 역량을 축적하면, 이를 활용해 다른 기업의 유사한 문제도 해결할 수 있는 컨설팅 서비스를 할 수 있다. 기업이 축적된 분석적 경험과 역량을 해당 산업에서 전혀 다른 새로운 사업(컨설팅 혹은 플랫폼 비즈니스)의 기회로 활용할 수 있게 되는 것이다. 제4장의 〈그림 3: 디지타이징 비즈니스 유형〉에서 유형 3은 축적된 분석적 역량을 서비스화해서 개별적으로 컨설팅하는 유형이다. 유형 4는 아예 이런 서비스를 종합적으로 제공하는 플랫폼을 만들어 다수의 고객에게 동시에 서비스를 제공하는 유형이다.

하코Hako GmbH는 1948년에 설립된 독일 기업이자 실내외 청소 장비 분야에서는 글로벌 선도 기업이다. 현재 60여 개국에 지점을 두고 있으며, 오랜 역사를 통해 축적된 경험과 기술력으로 다양한 청소 장비를 개발해 시장을 주도하고 있다. 하코는 청소 장비 제조뿐만 아니라 청소 관련 노하우와 축적된 데이터를 바탕으로 자연스럽게 청소 토털 컨설팅으로 사업을 확장했다.

청소 장비를 선택할 때에는 청소가 필요한 건물이나 내부 시설물, 부지 크기, 내부 도로 등에 따라 청소 요건이 크게 다르다. 또한 청소의 상황적인 특성도 고려해야 한다. 예를 들어 장비의 내구성이 강조될 수도 있고, 넓은 지역에 대한 효율성이 강조될 수도 있고, 심지어는 위생에 민감한 상황이 있을 수도 있다. 더욱이 혹서, 혹한, 기상이변 등에 대응할 수 있는 안전성도 요구된다. 하코는 단순히 청소 장비를 판매하는 것만이 아니라 그동안 축적된 데이터 분석을 바탕으로 다양하고 이질적인 요구에 맞춰 어떤 경우와 상황에서라도 최적의 종합적인 솔루션total solution을 제공하는 컨설팅 사업을 벌이고 있다.

하코의 청소 토털 솔루션은 해당 시설이나 부지에 대한 심층적인 조사에서부터 시작된다. 조사 결과는 이미 축적된 산업별(소매, 제조, 물류, 지방자치, 에너지 등) 데이터 분석과 연계되어 최적의 장비 혹은 장비 조합을 추천한다. 여기에는 수동 청소 장비, 승차 청소 장비 등의 최적화는 물론 최소 필요 인력과 최적의 에너지 조합(전기, 배터리, 디젤, LPG 등), 시연 등이 포함된다. 물론 청소 장비를 판매한 후 각종 지원 서비스도 패키지에 들어 있다. 수요자들로서는 데이터 분석을 바탕으로 한 최적의 청소 장비와 최소 필요 인력, 효율성과 안전성, 애프터서비스AS가 모두 포함된 포괄적인 청소 관련 서비스를 한번에 받는 것이다. 현재 하코는 본업인 청소 장비 판매로 벌어들이는 것보다 이런 청소 컨설팅 사업으로 올리는 매출이 3배나 많다고 한다.

IBM이 날씨 채널을 인수한 이유

미국의 케이블방송인 날씨 채널The Weather Channel은 1982년 이래로 지금까지 일기예보와 날씨 관련 뉴스를 제공하고 있다. 현재 8,800만 가구가 시청하고 있다. 날씨 채널은 계절 변화에 따른 기상 변화는 물론 허리케인이나 토네이도 등을 비롯한 다양한 이상기후와 관련된 엄청난 데이터를 축적하고 있다. 하지만 날씨 채널은 이렇게 축적된 데이터를 활용할 수 있는 새로운 사업 기회를 찾는 데 적극적이지 못했다. 즉, 축적된 데이터를 분석해 다양한 기업에 날씨와 관련된 맞춤형 데이터 분석 서비스를 제공해 주는 기회를 충분히 활용하지 못하고 있었다.

그런데 정작 이런 새로운 사업 기회를 포착한 것은 IBM이었다. IBM은 2016년 날씨 채널을 인수했는데, 사람들은 세계적인 컴퓨터와 소프트웨어 기업이 왜 날씨 채널을 인수하는지 의아해했다. 하지만 IBM은 확실한 비전을 갖고 20억 달러의 거액을 들여 날씨 채널의 모기업인 웨더컴퍼니The Weather Company를 인수했다.

사실 날씨는 기업이나 개인뿐만 아니라 에너지 가격, 신문이나 방송 등의 대중매체에 대한 소비, 항공기 안전, 식료품 가격 등 지구상의 모든 것에 영향을 미친다. 예를 들어 태풍이 불면 개인이나 기업은 계획을 수정해야 한다. 따라서 기상 변화나 기상이변에 따른 계획을 잘 세운 기업은 그렇지 못한 기업에 비해 당연히 경쟁우위를 갖게 된다. 대부분의 사업에서는 정확한 일기예보와 예측이 필요하다.

IBM은 날씨와 관련해 기업이 피해를 보지 않거나 최소화하면서 최선의 결과를 낼 수 있도록 하는 솔루션을 제공한다. 물론 기업들은 구글 서치Google Search 등을 통해 일기예보를 무료로 볼 수 있다. 하지만 기업에는 그런 단순한 정보 이상의 날씨 정보가 필요하다. 예를 들면 항공회사에는 비행 경로와 높은 고도의 날씨 패턴 등 더욱 정교한 정보가 필요하다.

IBM의 수익 모델은 날씨 채널에서 축적된 엄청난 날씨 데이터에 접근할 수 있는 권리를 팔거나 이를 바탕으로 다양한 산업에 속한 기업들에 유료 맞춤형 서비스를 제공해 돈을 버는 것이다. 예를 들면, 트럭 수송 사업을 하는 기업은 날씨 채널의 서비스에 접속해 특정 방향으로 폭풍이 온다는 경보를 받고, 폭풍이 예상되는 방향으로 운행하는 모든 운전자에게 경보를 보낸다. 같은 아이디어는 도로상의 개인 혹은 항공회사에도 그대로 적용된다.

IBM은 꽃가루, 번개, 난기류, 레이다, 위성 이미지, 교통 상황, 휴대전화 센서 등 150여 개의 날씨 관련 데이터를 수집하고 있다. 구체적으로는 약 20만 개가 넘는 전 세계의 기상관측소 weather station, 다양한 모바일 기기(센서)에서 측정되는 기압 정보, 하루에 5만 대의 항공기가 운항 중에 보내는 대기 정보, 위성 이미지 등의 실시간 데이터에 160여 개의 날씨 예측 모델을 적용해 지역에 대한 22억 개의 정교한 날씨 정보를 제공한다(매 15분마다 업데이트된다).

또한 이렇게 지역화된localized 실시간 날씨 예보를 바탕으로 농업, 항공, 석유, 화학, 에너지, 통신, 전기, 금융, 물류, 보험, 방송과 엔터테인먼트, 소매 등에 속한 기업들에 이상기후에 대한 사전 경보를 하고, 더 나은 성과를 낼 수 있도록 데이터 분석을 바탕으로 한 인사이트를 제공한다.

페퍼 로봇의 수익 창출 서비스

제조업은 실체가 있는 유형tangible의 제품을 생산하며, 서비스업은 무형intangible의 서비스를 제공하므로 일반적으로는 서로 독립적인 사업으로 인식된다. 하지만 이제 제조업도 본격적으로 제품과 관련된 서비스에서 경쟁우위를 확보하고 나아가 새로운 수익을 창출하려는 노력을 기울이고 있다. 이런 흐름은 제품의 서비스화servitization, 서비스 지향의 제조service-oriented manufacturing, 서비스가 내재된 제조service-embedded manufacturing 등의 이름으로 불린다.

간단하게 표현하면 제품을 제조할 때에 향후 추가 수익원이 될 수 있는 관련 서비스들을 제품에 미리 내재해 개발하고 생산하는 것이다. 물론 센서, 사물인터넷, 클라우드 등의 기술 발달이 자연스럽게 이러한 제조업의 서비스화를 가속화하고 있다.

페퍼Pepper는 소프트뱅크 자회사인 소프트뱅크로보틱스가 2015년 2월부터 판매를 시작한 휴머노이드 로봇humanoid robot이다(휴머노이드 로봇은 몸체가 사람의 몸을 닮도록 만들어진 로봇을 말하며 대개는 몸통, 머리, 두 팔과 두 다리를 갖고 있다). 키는 1.2미터이고 무게는 28킬로그램이다. 또 시속 3킬로미터의 속도로 움직이며 리튬 이온 배터리를 달아 한 번 충전하면 12시간 정도 작동한다.

2D와 3D 센서와 터치 센서, 자이로 센서gyro sensor(물체의 방위 변화를 측정하는 센서), 범퍼 센서bumper sensor 등을 달아 넘어지거나 사물에 부딪히는 것을 방지하고, 머리 · 어깨 · 팔꿈치 · 손목 · 손 등을 자유로이 움직일 수 있다.

페퍼의 가장 큰 특징은 감정을 인식하는 로봇이라는 점이다. 페퍼는 상대의 얼굴 표정이나 목소리 톤을 분석해 감정을 읽는다. 더욱이 기존 로봇들처럼 내부에 모든 데이터를 저장하는 것이 아니라 IBM의 인공지능 시스템인 '왓슨Watson'과 클라우드로 연결되어 인공지능을 통해 스스로 학습 능력을 높여간다.

페퍼는 인공지능과 로봇, 사물인터넷을 인간의 생활과 연결하는 매개체 역할을 한다. 페퍼는 사람들과의 관계를 증진시키고 확대시킴으로써 즐거움을 제공할 수 있다. 이 때문에 방문하는 고객을 환영하고 도움주기, 고객에게 흥미롭고 독특한 경험을 제공함으로써 친밀감 증대, 서비스 · 제품 · 장소 등에 대한 안내와 개인화 추천으로 매출 증대, 고객 만족도를 측정해 고객에 대한 이해를 높이고 실시간으로 대응하는 등 광고와 홍보 효과를 높일 수 있다.

페퍼는 두 다리로 사람처럼 걷는 혼다Honda의 '아시모Asimo'나 보스턴 다이내믹스Boston Dynamics의 '아틀라스Atlas'에 비해 기술적으로 뛰어난 로봇은 절대 아니다. 그런데도 페퍼가 주목을 받는 것은 로봇 그 자체를 판매하는 하는 것에만 머물지 않았기 때문이다. 즉, 페퍼는 다양한 서비스를 제공하도록 개발되었기 때문이다. 로봇이라는 제품에 서비스를 포함시켜 로봇 판매 외에도 새로운 수익을 창출하려는 흐름, 즉 '제품의 서비스화'의 대표적인 사례다.

페퍼의 제조 비용은 약 2,000만 원이다. 2015년 6월부터 매달 1,000대씩 판매되고 있는데, 일단 판매가 시작되면 1분 만에 모두 팔린다. 제조 비용의 10분의 1밖에 안 되는 약 200만 원으로 가격이 책정되었기 때문이다. 이렇게 제조 비용보다 훨씬 낮은 가격으로 판매되지만, 페퍼는 다양한 서비스에서 수수료 이익을 거둘 수 있다. 로봇 자체의 판매에서는 손해를 보지만 향후 제공하는 다양한 앱이나 클라우드 서비스 이용료로 수익을 벌충할 수 있다는 계산이다. 페퍼의 궁극적인 목표는 기업과 소비자 간 거래B2C에서 유용한 서비스 로봇 플랫폼을 구축하는 것이다. 외부 개발자들에게 소프트웨어 개발도구Sofware Development Kit를 공개해 새로운 콘텐츠나 서비스 개발을 장려하는 것도 이런 이유 때문이다.

2015년에 공개된 이후 페퍼는 지금까지 일본에서만 1만 대가 넘게 팔렸다. 또 영업·판매용, 금융 컨설팅용, 이동통신업체 지점 서비스용 등으로 이용되고 있으며, 병원·레스토랑·교육기관 등에서 활용되고 있다. 영국과 중국에서도 2016년부터 출시되었다. 한국에서는 2017년부터 LG유플러스가 자체 개발한 인공지능 플랫폼을 페퍼에 탑재해 플래그십 매장을 비롯해 금융, 서점, 의료, 유통 등 다양한 분야에서 고객들을 응대하고 있다. 그리고 인사, 날씨, 지식 검색 등 다양한 분야의 대화와 맞춤형 상품 추천 기능을 제공한다. 그 외에도 우리은행, 교보문고, 가천대학교 길병원, 롯데백화점, 이마트 등에서 페퍼의 시범 운영을 통해 다양한 마케팅 활동을 펼치고 있다. 이렇게 페퍼는 컨설팅 서비스(유형 3) 제공자에서 하나의 플랫폼 비즈니스(유형 4)로 진화하고 있다.

롤스로이스의 토털 케어 서비스

제품의 서비스화는 차별적인 경쟁우위를 확보할 뿐만 아니라 새로운 수익 창출 기회도 제공한다. 특히 내구재를 제조하는 기업들이 단순히 제품만을 판매하는 것에서 벗어나 서비스 지향의 제조에 주목하는 것도 이 때문이다. 예를 들어 제품 내에 센서를 설치하면 다양한 부품의 상태를 실시간으로 측정할 수 있고, 이 데이터를 분석해 이상을 조기에 탐지해 자동으로 경고하거나 문제가 발생하기 전에 정비할 수 있다. 제품 구매자에게 이런 서비스도 제공한다면 새로운 수익 창출은 물론 고객과의 관계도 더욱 견고해진다. 이런 추세에서 가장 진보된 형태는 서비스가 내재된 제조 혹은 제품과 서비스를 통합한 솔루션을 제공하는 것이다. 롤스로이스의 사례를 보자.

1904년에 설립된 롤스로이스Rolls-Royce는 다양한 산업에서 필수적인 동력장치power system를 개발하고 제조하는 기업이다. 특히 항공기 엔진 분야에서는 세계 제2의 시장점유율을 차지하고 있는데, 현재 롤스로이스의 약 1만 3,000개 제트 추진 엔진이 4,000여 대 항공기에 장착되어 운행 중이다. 롤스로이스는 엔진을 제작·판매하는 기업이지만, 2012년 이후에는 엔진 판매에서 벌어들이는 수입보다 서비스에서 벌어들이는 수입이 많다. 단순하게 엔진만을 판매하는 것이 아니라 엔진을 사용하는 고객의 제품과 서비스를 통합한 토털 케어total care 솔루션 덕분이다.

이러한 변화의 계기는 시장의 요구, 즉 항공사의 요구가 변했기 때문이다. 전통적으로 롤스로이스가 엔진을 항공사에 판매하면 항공사는 엔진에 대한 정비와 부품 조달 등의 모든 것을 책임지고 있었다. 하지만 항공사는 이런 책임에서 벗어나 항공 서비스에만 전념하기를 원했고, 롤스로이스는 토털 케어 솔루션으로 응답했다. 토털 케어의 핵심은 엔진의 소유와 관리에 대한 리스크를 항공사가 아니라 롤스로이스가 책임지고 항공사는 엔진을 사용한 시간만큼만power by the hour 비용을 지불하는 것이다.

롤스로이스는 엔진에 대한 정비와 부품 조달 등의 모든 것을 책임지고 엔진의 신뢰성과 유용성을 최대한 보장해야 한다. 그러기 위해 롤스로이스는 가능한 한 고장이 나지 않는 엔진을 제작해야 하고, 운항 중인 엔진의 상태도 실시간으로 측정하고 이상을 조기에 탐지해 즉각 대응할 수 있어야 한다. 또한 정비도 신뢰성을 유지하면서도 동시에 신속하게 이루어져야 한다.

항공기의 엔진에 장착된 센서는 주요 부품의 성능과 관련된 진동, 오일 압력, 온도 등의 데이터를 실시간으로 데이터센터에 전송한다. 전 세계 3개의 지역에 있는 데이터센터에서는 엔진 상태를 실시간으로 모니터한다. 즉, 실시간으로 유입되는 엔진 데이터를 자동으로 분석해 엔진의 이상을 조기에 탐지하는 것이다(부품이 고장났거나 교체가 필요한지를 예측한다). 또한 이상이 탐지되는 경우에는 찾아가는 서비스를 제공한다. 해당 항공기의 도착지에 미리 정비 요원을 대기시켜 승객이 내리는 동안에 정비를 완료함으로써 비가동 시간downtime을 최소화한다.

토털 케어는 엔진뿐만 아니라 항공기 전체의 모든 시스템에 대한 주요 작동 데이터도 수집한다. 항공기의 운항 성능과 관련된 데이터를 종합적으로 분석함으로써 연료 소비의 효율을 최적화하는 서비스도 제공하는데, 이로 인해 연료 비용이 1~2퍼센트 절약된다. 이렇게 해서 절약되는 비용이 항공사의 규모에 따라 2,000만 달러에서 2억 달러에 달한다.

현재 40여 개 대형 항공사의 4,000여 개 엔진이 토털 케어 서비스에 가입되어 있으며, 최신의 트렌트Trent 엔진은 95퍼센트가 가입되어 있다. 지난 10여 년간 롤스로이스의 주가는 지속적으로 상승했는데, 서비스 매출은 2003년에는 10퍼센트에 불과했지만 2012년부터는 50퍼센트를 초과하기 시작했다. 롤스로이스에서 가장 큰 변화는 고객을 위한 기술과 서비스 개발(예방 정비, 신속한 정비를 위한 부품 공급망의 최적화, 자산관리asset management의 효율 증대)에서 철저하게 데이터 분석을 바탕으로 한 조직 문화가 자리 잡았다는 것이다. 사내에 서비스 개발 관련 석사학위 과정도 만들었다.

항공기 엔진 분야에서는 세계 제2의 시장점유율을 차지하고 있는 롤스로이스가 이렇게 변화했듯이 제1의 시장점유율을 차지하고 있는 제너럴일렉트릭GE도 유사한 서비스, 즉 탈러리스Taleris라는 지능형 항공기 최적화 시스템을 제공한다. 하지만 GE의 변신은 그 이상으로 파격적이다.

사물인터넷의 궁극을 꿈꾸는 GE의 프리딕스

약 130년 전에 토머스 에디슨Thomas Edison이 개발한 전구로 출발했던 GE는 2018년 현재 임직원 30만 명에 매출은 125조 원에 달하는 미국의 대표적인 제조업체다. 항공, 의료, 엔진, 에너지, 석유와 가스, 전기, 수송 등 주로 중후장대重厚長大한 중공업을 주도하고 있다. 하지만 2015년에 제프리 이멀트Jeffrey Immelt 회장은 "GE는 지금까지는 제조 기반의 회사였지만 앞으로 디지털화를 가속화해 글로벌 Top10 소프트웨어 회사가 되겠다"고 선언했다. 제트 엔진, 기관차, 풍력 터빈 등 기계만 파는 것이 아니라 산업용 사물인터넷을 도입해 고객사의 성과를 높여줄 데이터와 솔루션을 함께 제공하겠다는 것이다.

그때부터 GE의 디지털화는 빠르게 진행되었다. 우선 GE는 약 1,200명의 소프트웨어 개발자를 확보하고, 실리콘밸리에 GE 디지털GE Digital이라는 소프트웨어 연구소를 설립했다. 이어서 클라우드 기반의 운영 시스템(소프트웨어)인 프리딕스Predix를 발표하며 산업 현장에서 산업용 사물인터넷 플랫폼을 확산시키기 위한 장정에 돌입했다. GE의 디지털 가속화 전략은 플랫폼 비즈니스(유형 4)의 전형이라고 할 수 있다.

그렇다면 산업용 사물인터넷의 도입을 통해 얻을 수 있는 사업상 효익效益은 무엇일까? 가장 중요한 효익은 생산성과 운영 효율의 증대다. 제조업체는 제조 공정에서 일어나는 일들에 대해 더욱 포괄적으로 조망할 수 있게 되어, 생산 흐름의 중단 없이 공정을 실시간 조정할 수 있다. 또한 엔지니어의 출장 없이도 장비의 원격 진단과 접속이 가능해져 장비 비가동 시간을 최소화할 수 있다. 나아가 예측 유지 관리를 통해 운영비 절감, 장비 비가동 시간의 감소, 장비 내용 연수의 증대를 도모할 수 있게 된다. 설비에 설치된 센서에서 가동 상황과 관련된 빅데이터를 얻고, 이를 분석 소프트웨어로 가공하면, 최적 시점에 소모품을 교체하거나 이상 징후가 발생하기 전에 수리할 수 있게 되기 때문이다.[1]

GE는 이런 효익을 '1퍼센트의 위력power of 1%'이라는 슬로건으로 〈그림 1〉과 같이 도식화했다. GE의 오랜 역사에서 축적된 각 산업 분야의 전문 지식(산업 전문 지식은 데이터를 수집 · 분석할 때 특히 어떤 데이터가 중요한지 알거나, 이상치anomaly를 분석할 때 어떤 이상치에 주목해야 하는지 판단하는 데 필수적으로 요구된다), 최고의 산업용 플랫폼 프리딕스, 혁신적인 소프트웨어 등을 결합해 산업별로 핵심적인 부분에서 1퍼센트를 절약한다면 그 효익은 상상을 초월할 수 있다는 것이다.

첫째, 항공 부문의 연료 효율 1퍼센트 증가로 연 300억 달러가 절감되었다. 둘째, 전기 · 발전 부문의 연료 효율 1퍼센트 증가로 연 660억 달러가 절감되었다. 셋째, 오일&가스 부문의 가동 시간 1퍼센트 증가로 연 900억 달러가 절감되었다. 넷째, 헬스케어 부문의 생산성 1퍼센트 증가로 연 630억 달러가 절감되었다. 다섯째, 운송 부문의 연료 효율 1퍼센트 증가로 연 270억 달러가 절감되었다.

GE의 추정에 따르면 세계 항공 산업에서 제트 엔진 연료 소

〈그림 1〉 '1퍼센트의 위력'의 예상 비용 절감 효과

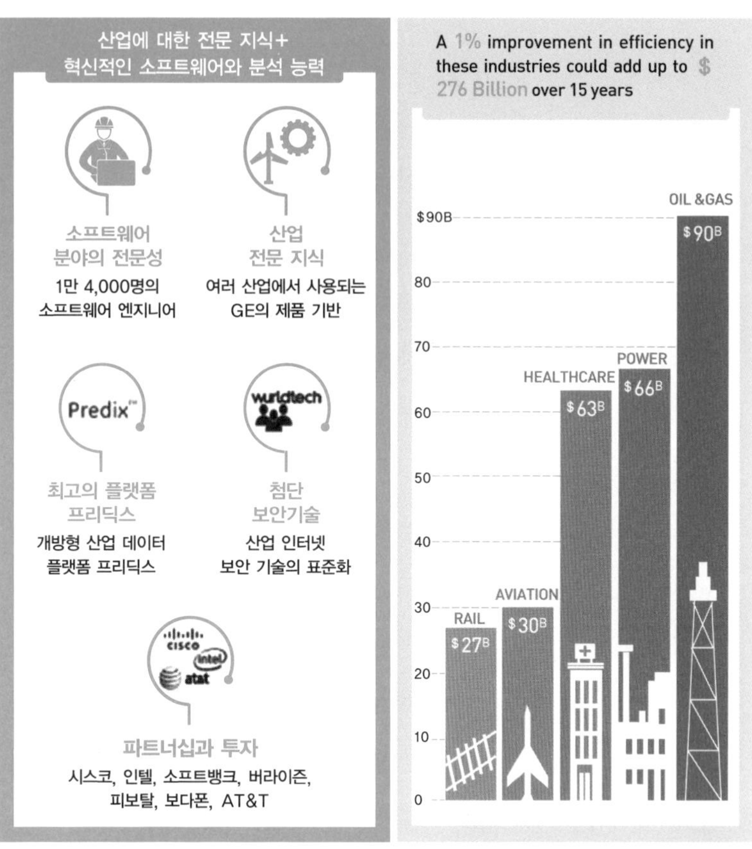

비량을 1퍼센트 감소시키면, 이는 약 20억 달러의 비용 절감으로 연결된다. 항공 산업의 전체 이익이 약 300억 달러이므로(2015년) 결과적으로 이익이 6퍼센트나 증가하는 효과를 얻게 된다. 〈그

림 1〉에서 보는 바와 같이 이렇게 각 부문의 비용 절감을 합하면 향후 15년 동안 무려 2,760억 달러가 될 것으로 GE는 예측하고 있다.[2]

제조업에서 사용하는 다양한 기계 · 설비와 운영기술OT 시스템에서는 엄청난 양의 데이터를 만들어내기 때문에 이를 위한 독자적인 클라우드 환경이 필요하다. 하지만 아마존웹서비스Amazon Web Service나 마이크로소프트의 애저Azure 등 범용 클라우드 플랫폼은 B2C 중심으로 설계되어 운영되기 때문에, 산업 기계 · 설비에서 발생되는 엄청난 규모의 데이터와 산업 데이터가 가진 독특한 특성을 만족시키는 플랫폼을 제공할 수 없다.

프리딕스는 제조업을 위한 클라우드 기반의 오픈소스 플랫폼으로 운영체제OS, 클라우드, 빅데이터, 분석 소프트웨어 등이 하나의 플랫폼으로 묶여서 서비스된다. 특히 GE의 업종별 현장 경험(노하우)과 축적된 산업 현장 데이터, 분석 툴tool, 관련 서비스들이 차별적으로 합쳐져 자산 성과 관리asset performance management, 운영 최적화, 핵심 지표 시각화 등 여러 서비스를 제공한다.

프릭딕스 최고의 혜택은 전체 시스템에 걸친 최적화다. 이미 많은 장비나 공장 시설에는 컴퓨터 제어 시스템이 다양하게 설치되어 있어 각각의 효율을 높이는 데 활용되고 있다. 그러나 장비 · 설비나 시스템 간의 연결이 극히 제한적이거나 부분적인 경우가 대부분이다. 전체 시스템의 최적화는 이러한 부분적 연결

〈그림 2〉 프리딕스의 구조

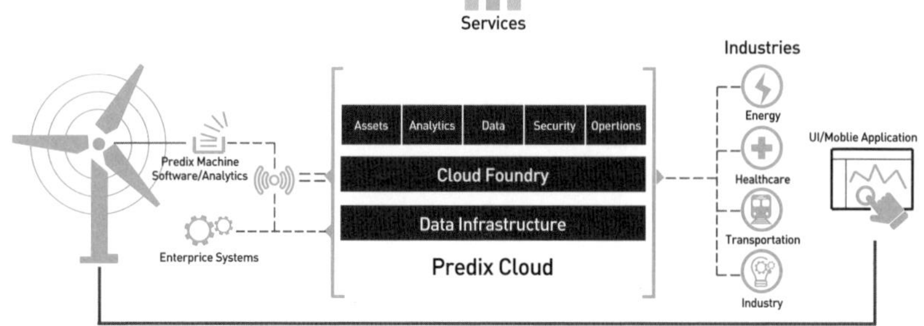

을 확장해 공정, 공장 내, 공급 체인 내, 나아가 기업 간에 전체 프로세스를 네트워크로 연결하고 통합하려는 것이다. 이렇게 되면 기업들은 현장에서 추출된 데이터들을 효과적으로 분석해 개별 장비 · 설비의 효율 개선뿐만 아니라 전체 시스템에 걸친 효율과 성과를 높일 수 있다.

문제는 데이터를 수집하고 분리된 기계 간, 사람 간의 상호작용을 어떻게 효율적으로 하는지다. 프리딕스는 기계, 데이터, 사람을 연결하는 표준화된 방법을 제공함으로써 전체 시스템의 최적화를 가능하게 한다. 이제 각 제조업의 개발자들은 데이터 분석을 하고 상호소통을 하기 위한 솔루션 개발에 시간을 들일 필요가 없다. 프리딕스의 구조를 설명하는 〈그림 2〉에서 보는 바와 같이 개발자들은 단지 어떻게 데이터를 수집할 것인지 고민

하면 되고(〈그림 2〉의 왼쪽), 나머지는 프리딕스가 제공하는 서비스를 활용해 최적화하면 된다.[3]

프리딕스 플랫폼이 성공하려면 다양한 외부 기업과 연계해 프리딕스가 중심이 되는 생태계를 조성해야 한다. 즉, 프리딕스의 기술 규격이 사실상 시장의 표준이 되고 다양한 산업의 주요 기업들이 그 장場에 참여함으로써 비즈니스 혁신을 이룰 수 있어야 한다. 더 많은 기업이 사용할수록 프리딕스 플랫폼은 더욱 강력해진다. GE는 고객사가 자신들에게 필요한 앱을 스스로 개발할 수 있도록 프리딕스를 개방하고 있다. 2016년 7월 프리딕스 개발자 키트를 배포한 이래 2016년 말까지 와이프로Wipro, 액센추어Accenture 등에서 개발한 30여 개의 관련 앱이 탑재되는 등 이미 적지 않은 고객사와 협업하며 디지털 제조업의 세계를 적극적으로 구축하고 있다.

또 마이크로소프트의 클라우드 서비스 '애저'에서 구동하기 위해 전략적 제휴를 맺었으며, 중국의 화웨이Huawei와도 전략 동반자 관계를 선언하고 프리딕스 기반의 '산업 인터넷' 전략을 공동 추진하기로 했다. 4,000명 수준이던 개발자 수도 현재는 2만 명으로 늘어났다. 스마트 생태계의 안드로이드나 iOS처럼 프리딕스를 기계(산업 인터넷) 세계의 언어로 만들려는 GE의 희망, 즉 세계 제조업 분야의 절대 강자에서 2020년까지 세계 최대 소프트웨어 기업으로 변신하려는 GE의 목표는 조금씩 실현되어가고 있다.

제8장

빅데이터 비즈니스 플랫폼

● 디지타이징 비즈니스 유형 5 · 6 · 7

요즈음은 날마다 수백 개의 작은 의사결정을 내려야 한다. 그러나 그것들은 중요한 의사결정이다.

★ 게리 러브먼Gary Loveman(시저스 CEO)

빅데이터의 3가지 조건

디지타이징 비즈니스의 유형으로 지금까지는 자신의 비즈니스에서 혁신하는 것, 구체적으로는 생산성 향상, 이상 탐지, 예측과 최적화, 축적된 경험과 역량을 바탕으로 해당 영역에서 새로운 기회를 찾는 유형을 구분해 설명했다. 제8장에서는 현재 시장이 아닌 완전히 새로운 시장 혹은 비즈니스에 데이터를 기반으로 진출하는 사례를 다룬다.

우선 데이터의 생성부터 활용에 이르는 과정을 요약한 〈표 1〉을 보자. 데이터 소스는 SNS, 모바일 기기, 스마트폰, 공장 장비 · 설비 등이다. 여기에서 사람들과 장비 · 설비의 거의 모든

〈표 1〉 데이터 생성 · 활용 과정

소스	활동	데이터	활용
SNS 모바일 기기 스마트폰	• 공개 작성 글(웹사이트, 블로그) • 흥미 · 관심 표시(좋아요, 리티윗) • 온라인 서베이 참여 • 개인 정보 • 취미 · 선호 • 인적 교류 네트워크 • 지리적 위치 정보 · 동선 • 온라인 행동 • 구매 전 흔적(검색, 가격 비교 등) • 구매 기록 • 이메일 • 은행 정보	• SNS 데이터 ▸ 페이스북, 유튜브 ▸ 블로그, 트위터 ▸ 카페, 동호회 ▸ 좋아요, 댓글 • 공공 데이터 ▸ 인구 통계 ▸ 경제 통계 ▸ GIS, 날씨, 환경 ▸ 지역 정보 ▸ 상권 정보 • 기업 내부 데이터 ▸ 고객 정보 ▸ 매출 정보 ▸ 마케팅 캠페인 ▸ VOC ▸ 공정 효율, 불량률	새로운 시장 진출 새로운 제품, 서비스 개발 매출 증대 이상 탐지, 예방 정비 생산성 향상
공장 장비 · 설비	센서 데이터		

활동이 자동으로 축적되어 데이터가 된다. 이 데이터는 SNS 데이터, 공공 데이터, 기업의 내부에 축적된 데이터로 구분할 수 있다. 이를 잘 활용해 생산성 향상, 이상 탐지 · 예방 정비, 매출 증대, 새로운 제품 · 서비스 개발, 새로운 시장 진출을 위해 활용하는 과정을 거친다. 데이터를 기반으로 새로운 시장에 진출하는 것은 〈표 1〉에서 오른쪽 맨 위에 해당되는 영역이다. 이 영역에서는 어떤 데이터에 근거해 새로운 시장으로 진출할 것인지가 매

우 중요하다.

데이터가 의사결정에 활용되어 성과를 높이려면 관련성relatedness, 정확성accuracy, 적시성timeliness의 3가지 조건을 갖춰야 한다. 즉, 관련된 데이터와 정확한 데이터가 의사결정에 즉각 활용될 수 있도록 적시에 존재해야 한다. 이 3가지 특성이 모두 중요하지만 특히 적시성은 의사결정이 필요한 시점에서 데이터를 바로 구할 수 없는 경우에 문제가 된다. 데이터를 즉각 수집하기 어려운 경우가 많기 때문이다. 데이터 수집의 어려움은 데이터에 얼마나 쉽게 접근이 가능한지에 달려 있다. 기업의 내부 데이터나 공장의 센서 데이터 등은 접근이 매우 어렵다.

개인 관련 데이터는 수집의 어려움, 즉 기밀 정도에 따라 〈표 1〉의 활동과 같이 구분할 수 있다. 아래쪽에는 가장 보안이 요구되는 은행 거래 정보, 이메일 내용, 구매 기록 등이 있고, 위쪽에는 공개된 공간(웹사이트나 블로그)에 쓴 글이나 댓글, 코멘트, 좋아요 등이 있다. 중간 정도의 보안 수준에는 위치GPS와 검색 등의 정보가 있다. 개인 정보들이 수집되면 다양한 비즈니스 관심사, 즉 검색 트렌드, 구매, 여행, 패션, 외식, 배달, 주문 취소, 의료 치료, 부동산, 주식, 세일즈, 기부, 투표, 일자리, 사직, 사기, 탈세, 사랑, 임신, 이혼, 질병 예측, 사고와 범죄 예방 등에 대한 데이터가 된다.

제8장에서는 데이터에 기반해 새로운 시장에 진출하는 기업

〈그림 1〉 디지타이징 비스니스 유형 5~7

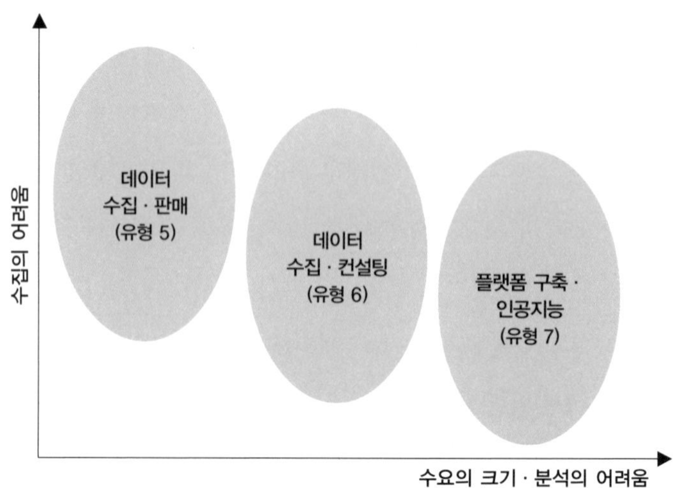

(기존 기업이 영역을 확장하는 경우나 스타트업)의 유형을 유형 5, 유형 6, 유형 7로 구분했다. 왜냐하면 〈그림 1〉에서 보는 바와 같이 데이터 수집의 어려움, 데이터에 대한 수요의 크기, 데이터 분석 기술의 난이도에 따라 3가지 유형으로 구분할 수 있기 때문이다.

공개된 데이터는 수집이 상대적으로 쉽지만, 사적이거나 일일이 개인에게서 측정해야 하는 데이터는 수집이 어렵다. 수집이 어려운 데이터를 미리 힘들게 수집해놓으면, 데이터만을 판매하는 것도 좋은 비즈니스가 될 수 있다. 즉, 고객이나 시장에서 필요하다고 판단되는 데이터를 미리 애써서 수집해놓으면 고객에게 필요한 시점에 그 데이터를 판매할 수 있는 기회가 생긴다. 이것이 디지타이징 비즈니스의 5번째 유형이다. 데이터 수집이 반드시 어려운 경우만 데이터를 팔 수 있는 것은 아니다. 상대적으로 수집이 쉬운 데이터도 고객에게 편리하게 잘 정리해놓으면 필요한 고객에게 팔 기회가 생긴다. 고객은 그 데이터를 수집하는 데 드는 기회비용 때문에 아예 적절한 비용으로 구입하는 게 유리할 수 있다.

6번째 유형은 그 데이터 자체를 판매하는 것이 아니라(데이터 자체에 대해서는 수요가 없는 경우) 그 데이터 분석을 바탕으로 컨설팅을 해주거나 그 데이터를 갖고 고객이 수행하게 될 분석을 예상해 아예 필요한 분석까지 추가해 서비스를 제공하는 경우다. 일반적으로 6번째 유형은 데이터 수집 측면에서 5번째 유형과 비교할 때 상대적으로 쉬운 편이며 데이터에 대한 수요도 충분하다.

7번째 유형은 6번째 유형과 같은 컨설팅 서비스를 아예 종합적인 플랫폼으로 만들어 다수의 고객에게 동시에 서비스하는 경우다. 이 유형은 상대적으로 수요가 매우 크기 때문에 개별적인 컨설팅보다는 플랫폼화해서 동시에 많은 고객에게 서비스하는 비즈니스로 발전한다.

〈그림 1〉에서 제시한 유형은 설명의 편의상 구분한 것이다. 실제로 각 유형은 상호배타적이지 않으며 데이터에 대한 수요가

늘어남에 따라 자연스럽게 유형 5에서 유형 6으로, 유형 7로 진화해가는 것이 일반적이다. 비즈니스의 초점이 데이터인지, 분석 알고리즘(인공지능)인지, 다수의 고객에게 동시에 서비스하는 플랫폼인지에 따라 각 유형을 구분해 그 사례를 제시한다.

데이터가 자산이다

유형 5는 고객이나 시장에서 필요하다고 판단되는 데이터를 미리 수집해 판매하는 유형이다. 데이터 수집은 여기저기 흩어져 있는 공개된 데이터를 모아 정리하는 경우도 있고, 많은 노력을 기울여 일일이 측정하는 경우도 있다.

아이웨어랩I-Ware-Laboratory 이 기업은 발 체형에 대한 데이터를 측정하고 축적해서 이것이 필요한 기업들에 판매하는 일본 기업이다. 발은 생각보다 구조가 복잡한데 아이웨어랩은 발 길이, 발 폭, 복사뼈의 돌출 정도 등 19가지 발 치수를 측정하는 인풋INFOOT이라는 3차원의 측정 스캐너를 개발했다. 이 측정기를 전 세계 130여 신발 매장에 설치해 약 26만 명 이상의 발 체형 데이터를 축적했다. 고객의 발에 맞는 가장 편안한 신발을 추천하려는 기업들이 이 데이터에 관심을 가짐에 따라 사업화에 성공했다.[1]

열나요 앱 가정의학과 전문의인 신재원 모바일닥터 대표가 전 세계 엄마들이 아이가 갑자기 밤에 열이 날 때 당황하지 않고 침착하게 대처하는 데 도움을 주고 싶어서 개발한 앱이다. '열나요' 앱은 아이의 체온, 해열제 복용, 예방접종 여부 등 아이의 현재 건강 상태와 관련된 기본 정보를 입력하면, 빅데이터를 분석해 해열제를 얼마나 더 먹여야 하는지, 병원에 가야 할 만큼 심각한 상태인지 등 맞춤형 정보를 제공한다. '열나요' 앱은 실제로 늦은 밤 아이가 갑작스럽게 열이 나거나 떨어지지 않아 마음 졸여온 초보 부모들의 욕구를 제대로 충족시켰다는 평가를 받았다. 그래서 입소문만으로 '육아맘'의 필수 앱이 되어 2년 만에 누적 다운로드수 30만 건을 넘었다. 신재원 대표는 '열나요' 앱에 쌓인 빅데이터를 통해 의학 교과서와는 다른 세부 특징들을 발견할 수 있었다고 말한다. 그는 "현재까지 축적된 4만 5,000건의 예방접종률 누적 데이터를 분석했더니 실제 의학 교과서 이론대로 예방접종 후 소아 발열이 예방접종 주사 24시간 내에 시작해 48시간 동안 지속됐다"며, "그런데 아이들이 열이 끝나는 시간은 전부 다르고 90퍼센트 가량은 30시간까지 열이 나는 등 세부 특징을 발견했다. 이러한 현상을 분석하고 통계 정보를 제공하는 플랫폼으로 키워가겠다"고 말했다. '열나요' 앱은 중국을 시작으로 일본, 영어권 시장에 잇따라 출시될 예정이다.[2]

액시엄Acxiom 액시엄은 1969년 선거 때 유권자의 메일링 리스트를 제공하는 것으로 시작한 미국의 기업이다. 전 세계에서 가장 많은 개인 정보를 보유해 이를 마케팅에 활용하려는 기업에 판매한다. 액시엄은 한 사람의 개인 정보를 약 1,500개 항목별로 평생 동안 추적하면서 관리한다. 당신이 어디에 살고 직업이 무엇인지는 물론이고 몸무게, 소비 패턴, 정치 성향, 가족 건강, 휴가 계획까지 속속들이 안다. 액시엄은 약 3억 명에 이르는 거의 모든 미국인은 물론 전 세계적으로 약 5억 명의 개인 정보를 보유하고, 연간 50조 건의 거래 내역을 분석한다. 미국인의 일상생활에 대해 미국 연방수사국이나 미국 국세청보다 훨씬 깊이 있게 조사한다는 평가를 받고 있다. 특히 9·11 테러 당시 19명의 가담자 가운데 11명에 대한 정보를 보유하고 있어 유명세를 타기도 했다. 액시엄은 일단 특정한 개인의 정보를 취득하면 그 사람에게 13자릿수로 만들어진 번호를 부여한다. 이후에는 모든 정보가 이 번호로 분류·관리된다. 수집되는 정보는 나이, 주거지, 성별, 피부색, 취향, 정치 성향부터 선호하는 휴가지, 기르는 동물, 물품 구매 행태, 교육 수준, 수입, 병력病歷, 재정 상태, 가족 관계, 잡지 구독 여부 등 엄청나게 많다. 액시엄의 장점은 그들이 가진 정보가 소비자들의 오프라인 데이터라는 데 있다. 즉, 인터넷에서 쉽게 찾아낼 수 없는 정보다. 액시엄은 사람들이 생활에서 남기는 흔적(데이터)을 꼼꼼하게 추적한다. 예를 들면 공문서 신청, 신문·잡지 정기 구독, 각종 설문 참여, SNS 활동, 신용카드는 물론이고 보통 5~6개씩 갖고 있는 고객 서비스카드 사용 내역, 부동산 담보 대출 신청, 보험 가입 등을 수집한다. 액시엄은 자신만의 차별화된 데이터 수집 노하우로 체계적이고 광범위한 개인 정보를 엄청나게 축적해 독보적인 경쟁력을 갖추었다. 액시엄은 현재 4,000개 이상의 데이터 뱅크를 관리하고 있다. 세계에서 가장 큰 신용카드 회사 10곳 중 7곳, 미국의 대형 백화점 10곳 중 6곳, 세계 10대 자동차 회사 중 8개 회사도 액시엄의 고객이다. 액시엄의 매출은 2010년부터 약 9억 달러를 넘어섰다.[3]

듀딜DueDil 영국은 2010년에 공공 데이터 포털사이트data.gov.uk를 개설해 공공 데이터를 본격 개방했다. 듀딜은 정부가 공개한 기업 법인세, 재무제표 등을 접목해 영국과 아일랜드 기업 분석 서비스를 제공하기 시작했다. 현재 듀딜은 유럽 9개국의 기업 4,000만 개에 대한 체계적이고 포괄적인 정보를 수집해 판매한다. 회사와 경영진에 대한 개요, 재무 정보 등은 무료로 제공하지만, 세일즈와 마케팅, 지배 구조, 신용 리스크, 고객 CRM, 공급 체인 등에 관한 정보는 유료로 판매한다.

모두의 주차장 흩어져 있는 주차 정보를 모아 실시간 주차 공간 정보를 제공하는 앱이다. 한국의 자동차 등록대수는 2,000만 대에 육박한다. 가구당 1.55대의 자동차를 보유한 셈이다. 상황이 이렇다 보니 어디를 가더라도 주차 가능 여부는 반드시 미리 챙겨야 하는 중요한 정보 중 하나가 되었다. 국내 최초의 주차 정보

전문 앱인 '모두의 주차장'은 2013년 8월 서울 시내 약 2,000개의 주차장 정보를 기반으로 출시되었다. 이후 3년 만에 35만 명의 가입자를 모으며 '인기 앱'의 반열에 올라섰다. 모두의 주차장은 사용자의 현재 위치를 중심으로 가장 저렴하고 가까운 주차장을 찾을 수 있도록 돕는다. 주차장의 위치와 요금 외에 운영 시간과 연락처도 제공한다. 주차 정보를 관할하는 지방자치단체와의 협력을 바탕으로 성장하면서 서울에서만 제공하던 서비스도 6대 광역시로 넓혔다.[4]

슈퍼커리큘럼超級課程表 슈퍼커리큘럼은 중국 각 대학 캠퍼스 교과 과정을 스마트폰으로 한눈에 볼 수 있도록 만든 강의 스케줄 앱이다. 2011년 당시 대학교 3학년생이던 위자원餘佳文이 개발했다. 앱에 가입한 후 학교, 학과, 학기, 학번을 입력하면 해당 캠퍼스 교과시스템에 접속되어 개인별 한 학기 커리큘럼 스케줄이 몇 초 만에 자동으로 완성된다. 대학 내 개설된 모든 강의 시간, 강의실, 담당 강사 등 기본 정보는 물론 강의평가나 강의노트도 공유할 수 있다. 타 학교 유명강의 커리큘럼도 검색이 가능하다. 슈퍼커리큘럼의 매력은 SNS 기능에 있다. 동일한 수업을 듣는 학생끼리 서로 쪽지를 주고받을 수 있는 메시지 기능이 추가되었다. 현재 중국의 3,000여 개 대학에서 1,000만 명의 대학생이 사용하는 필수 앱이 되었다. 슈퍼커리큘럼의 인기가 폭발하면서 투자금도 몰리기 시작했다. 2012년 7월 중국 유명 벤처인큐

베이터 업체인 '이노밸리닷컴(촹신구創新谷)' 입주와 함께 창업 투자금을 유치했다. 위자원에 꽂힌 중국 인터넷 신화인 알리바바의 마윈馬雲도 2014년에 수천만 달러의 투자금을 선뜻 내놓았다. 위자원은 앱에 구직, 학자금 대출, 쇼핑 등 상업 기능을 추가하는 방안도 연구 중이다. 홍콩, 타이완 등 중화권 지역에도 진출한다는 계획이다.[5]

프라이스스탯츠PriceStats 통계가 정부의 정책 결정이나 기업 혹은 개인의 의사결정에 활용되어 성과를 높이려면 적시에 존재해야 한다. 그래서 한국은행과 통계청을 필두로 관세청과 국세청, 각 지방자치단체들은 엄청난 예산과 인력을 투입해 아주 중요한 사항(경제, 소득, 고용, 의료 등)에 대해 미리 정확한 통계를 산출하고 있다. 이렇게 정부 통계에 투입되는 시간과 인력의 규모를 고려할 때 일반인이 국가 통계의 산출 과정에 참여하기란 불가능하다. 하지만 2008년에 MIT의 알베르토 카발로Alberto Cavallo 교수와 로베르토 리거본Roberto Rigobon 교수는 인터넷 쇼핑몰에 있는 가격을 취합해 이를 바탕으로 실시간 물가지수를 계산하는 '빌리언 프라이스 프로젝트Billion Prices Project, BPP'를 시작했다. BPP는 단계별로 진행된다.[6] 첫 단계는 빅데이터를 모으는 작업으로 인터넷 쇼핑몰을 다니면서 가격 정보를 수집한다. 연구진은 70여 개국에서 300여 개의 온라인 쇼핑몰을 대상으로 약 500만 개의 아이템에 대한 가격을 조사한다. 다음 단계는 핵심 제품군을 분류해 각 범주별로 가격지수를 선정하고 마지막 단계에서는 각 국가별로 가격지수를 산정한다. 가격지수 산정에서 가장 어려운 것이 핵심 제품군을 분류하는 일이다. 특히 공식 물가지수 산정에는 포함되지만, 인터넷에서는 가격을 찾기 어려운 제품군의 정보를 얻는 것이 이 프로젝트의 핵심 기술이다. 공식 물가지수 산정에 포함되는 제품군 중에서 음식, 음료, 의복, 신발, 건강, 에너지 등 전체 60퍼센트 이상을 차지하는 품목군에 대한 정보는 인터넷에서 쉽게 얻을 수 있다. 인터넷으로는 전혀 얻기 힘든 가격에 대해서는 다른 정보를 이용해 통계학적으로 추정하는 방법을 사용한다. 물가지수는 이자율 조정, 노사간 임금협상 등 경제 운용에서 매우 중요한 변수로 작용한다. 더욱이 물가지수에 대한 빠르고 정확한 예측은 국채 투자를 통한 수익 창출로도 이어질 수 있다. 이런 기회 때문에 BPP를 기반으로 해서 프라이스스탯츠가 파생되어 나왔다. 프라이스스탯츠는 현재 1,000여 개의 온라인 쇼핑몰에서 다양한 소프트웨어를 활용해 식품, 음료, 의류, 주택, 레저, 가정용품, 의료 등 1,500만 개 아이템의 가격을 수집한다. 프라이스스탯츠는 이렇게 수집된 데이터를 계량경제 모델econometric model로 분석해 70여 개국의 물가지수를 매일 산출한다. 각종 펀드를 운영하는 금융회사가 프라이스스탯츠의 주요 고객이며, 10일이 경과한 물가지수는 무료로 제공되지만 그 외의 지수들은 유료로 제공된다. 공공 정책과 가격 전략 측면에서 특수한ad-hoc 수요에 맞춘 통계와 컨설팅도 유료 서비스에 속한다.

렉시스넥시스LexisNexis 렉시스넥시스는 1970년대부터 법률 자료를 디지털화해서 법률 전문가가 법률 정보를 효율적으로 조사할 수 있는 검색 서비스를 제공하기 시작했다. 현재는 연방과 주의 헌법, 법률, 명령, 조례, 규칙 등을 총망라해 검색이 가능하다. 렉시스넥시스는 법과 공공 기록 관련 정보를 가장 많이 보유하고 있는 것으로 유명하다. 렉시스넥시스가 보유한 11대의 대형 컴퓨터mainframes에는 약 30테라바이트의 정보가 들어 있다고 한다. 세계에서 가장 많은 자료(도서 약 3,300만 권, 간행물 약 5,800만 종류 등 총 1억 6,000여 건의 자료)를 보유하고 있는 미국의회도서관The Library of Congress의 정보가 약 15테라바이트임을 감안하면, 렉시스넥시스가 제공하는 정보가 얼마나 방대한지 알 수 있다. 1980년대부터는 법률 외에도 뉴스 · 비즈니스와 관련된 광범위한 정보를 수집해 사업화했다. 렉시스넥시스의 약 1만 3,000명의 직원이 미국의 약 50개 도시와 60여 개국의 지점에서 서비스를 제공한다. 렉시스넥시스의 서비스는 별도로 유료 가입해야 하는 2개의 웹사이트에서 제공된다.

코아제타CoreZetta 국내 제약업계에서 빅데이터를 활용하는 스타트업이다. 건강보험심사평가원에서 제공하는 환자 진료 · 처방 데이터를 구매해 제약사가 원하는 의약품 · 질병 정보로 재가공해 판매하는 '파마 빅데이터Pharma Big Data, PBD' 서비스를 제공한다. 코아제타가 매년 구매하는 표본 데이터는 145만 명의 진료명세서다(진료 건수로 보면 2,700만 건). 이 진료명세서에는 연령과 성별 등 환자의 기본 정보부터 질병에 대한 정보, 처방된 의약품의 1회 투약량, 1일 투약량, 복용 기간, 성분 코드, 금액 등 의약품에 대한 정보, 의약품 이외의 치료와 진료 행위에 대한 분류, 진료과, 지역, 병상 규모 등 요양기관에 대한 정보까지 60여 가지가 넘는 정보가 담겨 있다. 물론 환자 이름이나 병원 상호 등 공개할 수 없는 정보는 제외되어 있다. 제약회사가 처방 정보와 원하는 정보(주로 성별 · 연령 · 지역에 따라 환자의 증상이나 정도에 따른 각종 의약품 처방 정보)를 코아제타에 주문하면, 자료를 요구에 맞게 재가공해서 해당 제약사에 판매한다. 제약사들은 이렇게 제공된 정보를 기존 발매 의약품의 영업 · 마케팅 전략 수립과 신제품 개발 전략에 활용한다. 코아제타의 매출은 현재 10억 원 정도지만, 5년 안에 100억 원이 넘을 것으로 전망된다.

마이뮤직 테이스트 MyMusic Taste 공연산업은 대관료, 무대장치 등 기본적으로 투입되는 고정 비용이 매우 큰 반면에 어느 도시에서 어떤 장소를 빌려야 할지, 실제로 얼마만큼 티켓이 팔려 사람이 모일지 예측하기가 매우 어렵다. 변동성과 불확실성이 큰 이 시장에서는 공연 공급자인 가수와 매니저, 공연기획사는 주로 '경험'과 '직관'에 의해 공연 장소와 일시 등을 결정해왔다. 마이뮤직 테이스트는 공연 수요를 예측하는 기업이다.[7] 특정 가수의 콘서트를 보고 싶은 팬들의 수요를 파악하는 플랫폼을 설계하고, 팬들의 요청에 따라 수요가 충분하다고 판단되면 공연이 성사되도록 추진한다. 즉, 마이뮤직 테이스트는 수집된 데이터를 활용해 공연 프로모터 · 아티스트와 협의해 성공적인 공연을 기획 · 성사시키고 수수료를 받는다. 전 세계 120만 명의 사용자가 플랫폼을 사용하고 있으며, 인피니티 · 블락비 · 에픽하이 등의 해외 공연이 수요 예측을 통해 성사되는 등 전 세계 곳곳에서 130여 회의 공연이 마이뮤직 테이스트를 통해 현실화되었다. 마이뮤직 테이스트는 성장 잠재력을 인정받으면서 2016년에 소프트뱅크 벤처스, DT캐피털 등에서 1,000만 달러의 투자금을 유치했다.

스카이박스 이미징 Skybox Imaging 스카이박스 이미징은 미국 스탠퍼드대학 항공우주공학과 대학원생 4명이 창업한 기업이다. 재학 중에 '창업Entrepreneurship' 과목을 수강할 때 기말과제로 제출했던 사업 아이디어를 졸업 후인 2009년에 실제 창업으로 실현했다. 사업 아이디어는 인공위성을 쏘아 올려서 지구 전체를 사진과 동영상으로 찍어 그 데이터를 필요한 고객들에게 제공하는 것이다. 인공위성의 원격탐사 데이터를 대중시장에 상품화하겠다는 것이다. 위성사진을 분석하면 예를 들어 어떤 항구에 어떤 배(유조선, 자동차 운반선 등)가 얼마나 정박해 무슨 물건을 얼마나 싣고 어디로 가서 하역했는지 알 수 있다. 이런 정보는 항구운용센터에서 항구 사용료(정박료)를 청구하거나, 관련 기관에서 유가를 예측하거나, 국가별·화물별 수출량을 예측하거나, 심지어는 세계 경기 흐름을 예측하는 데 활용될 수 있다. 스카이박스 이미징은 이런 데이터에 대한 수요가 농업, 광업, 유전, 보험, 투자(원자재 이동 추적), 재난구조 등 광범위한 영역에 있을 것으로 판단했다. 물론 위성정보를 제공하는 업체가 있기는 하지만, 인공위성이 고가여서 서비스에는 제약이 많았다. 스카이박스 이미징은 약 24대의 인공위성을 쏘아 올려서 지구상의 모든 이미지와 그 변화를 거의 실시간으로 측정해 제공한다는 계획이다. 일반적으로 인공위성을 제작·발사하려면 내구성과 신뢰성 등을 보장하기 위해 약 3,000억 원 이상이 들지만, 보통의 전자부품으로 가장 작게 만든다면 수백억 원이면 가능하다. 물론 이렇게 만들면 내구성이 약해 5년 정도면 수명이 다하겠지만, 그런 경우 다시 인공위성을 쏘아 올린다는 것이다. 스카이박스 이미징은 미국에서 선정한 가장 대담한audacious 25개 기업 중 1위에 올랐다. 2012년 스카이박스 이미징은 여러 벤처회사에서 9,100만 달러를 투자받았다. 2013년 11월에는 세계에서 가장 작지만(크기 80센티미터, 무게 99킬로그램) 고해상high-resolution 이미지의 첫 위성인 스카이셋SkySat-1을 발사했으며, 한 달 뒤에는 두 번째 스카이셋SkySat-2을 발사해 48시간 뒤에 이 위성에서 수신한 이미지를 발표했다. 2014년에 구글은 구글 맵 서비스를 강화하기 위해 스카이박스 이미징을 5억 달러에 인수하고 회사 이름을 테라 벨라Terra Bella로 바꾸었다

(테라 벨라는 '아름다운 지구'라는 뜻의 이탈리아어다). 2017년에 구글은 테라 벨라를 인공위성 이미지 전문회사인 플래닛 랩스Planet Labs에 매각했지만, 이미지 데이터는 계속 받고 있다. 2017년에 플래닛 랩스는 6대의 인공위성을 추가로 발사했다.

데이터 분석으로 인사이트를 제공하다

유형 6도 고객이나 시장에서 필요하다고 판단되는 데이터를 미리 수집한다. 하지만 유형 6은 데이터 자체를 판매하기보다는 데이터에 대한 분석에서 인사이트를 추출해 제공한다. 데이터 자체에 대한 수요보다도 데이터가 갖는 인사이트에 대한 수요가 크기 때문에 데이터 분석으로 인사이트를 추출해주는 서비스를 제공하는 것이다.

캘커타 랭크 Calcutta Rank 모바일 시대에 앱 시장은 급속하게 팽창하고 많은 사람이 자신만의 콘텐츠로 앱 시장 진출을 시도하고 있다. 하지만 처음부터 분명한 목표와 전략이 있어야 성공할 수 있다. 캘커타 랭크는 매일 38개국의 앱 정보 380만 건을 수집하고, 순위를 취합해 제공하는 한국의 기업이다. 캘커타 랭크는 애플 앱스토어의 총 48개 분야별(게임 전문 24개, 분야별 24개) 앱 순위를 제공하고, 구글 안드로이드 마켓Google Play은 36개(게임 분야 8개 포함) 내외의 다양한 분야별 앱 순위를 서비스한다. 또한 그동안 축적한 27억 건의 데이터베이스를 기반으로 카테고리별로 인사이트를 추출해 앱 시장에 진출하려는 사람들에게 시장 진출 전략을 위한 컨설팅 서비스를 제공한다.

페어캐스트Farecast 페어캐스트는 항공 요금의 추세를 분석해 온라인에서 비행기표를 구매할 최적의 시점을 무료로 예측해주는 서비스를 제공한다. 2003년 미국 워싱턴대학 컴퓨터공학과의 오렌 에트지오니Oren Etzioni가 창립했다. 그는 노선과 시기별로 온라인 항공권의 가격이 천차만별인 사실에 착안해 최적의 구매 시점을 예측해주는 모델을 만들고자 했다. 여러 투자자에게서 850만 달러를 투자받아 3년 동안 개발한 끝에 2007년 서비스를 시작했다. 그때까지 페어캐스트가 수집한 노선별 가격 자료는 무려 175조 개였다. 온라인에서 항공권 구매자는 지금 표를 살 것인지 아니면 가격이 떨어지는지 예상해 기다릴 것인지를 결정해야 한다. 페어캐스트는 사용자가 날짜, 출발지, 도착지를 입력하면, 해당 노선의 과거 가격 추세를 분석해 지금 사야 하는지 아니면 기다려야 하는지를 예측해준다. 페어캐스트의 예측은 75퍼센트의 정확성을, 사용자는 표 구매시에 평균 50달러를 절약하는 것으로 나타났다. 2008년 페어캐스트는 1억 1,500만 달러에 마이크로소프트에 인수되었다. 마이크로소프트는 새로 개발한 검색 엔진인 빙Bing에서 인지도와 방문율을 높이고자 페어캐스트를 빙트레블BingTravel이라고 이름을 바꾸어 빙에서 서비스를 제공했다.

푸드 지니어스Food Genius 푸드 지니어스는 미국 36만 개 레스토랑에서 메뉴 데이터를 수집·분석해 식품업체와 유통업체를 대상으로 인기 있는 메뉴와 재료 등의 트렌드에 대한 인사이트를 제공하고 사용료를 받는 기업이다. 약 2,200만 개의 일반 메뉴, 11만 개의 특별 메뉴, 메뉴에 포함된 재료에 대한 데이터를 수집하고, 여러 웹사이트에서 수집한 고객들의 주문 데이터, 음식 평가 데이터를 통합·분석해 지역별로 선호되는 메뉴, 재료, 조리 방법과 양념 등의 트렌드를 파악한다(푸드 지니어스는 온라인 음식 주문 기업인 그럽허브GrubHub와 음식 서비스 데이터 회사인 CHD Expert에서 데이터를 제공받는다). 이런 정보들은 새로운 레스토랑을 창업하려는 사람들에게 특히 유용하다. 또한 식품업체와 유통업체들은 새로운 피자 메뉴를 개발할 때, 지역별로 피자의 평균 가격은 얼마인지, 선호하는 피자 토핑은 무엇인지, 얼마나 많은 경쟁업체가 유사한 메뉴를 팔고 있는지, 어떤 메뉴들을 함께food pairing 서비스하는 것이 인기가 있는지를 파악하는 데 활용한다. 클라우드 기반으로 제공되는 「푸드지니어스보고서Food Genius Reports」의 가격은 월 2,000달러이며, 지역별 선호 등 모든 특성이 포함된 보고서는 월 1만 달러다. 2016년에 푸드 지니어스는 미국 내 61개 지역에서 푸드 서비스 유통업을 하는 유에스푸드US Foods에 인수되었다.

클라이미트 코퍼레이션Climate Corporation 2006년부터 '클라이미트 코퍼레이션'은 기상 데이터를 분석해 스키 리조트, 대형 행사, 농민들이 기후 변화를 대응할 수 있도록 기후 보험을 판매했다. 2010년부터는 농업(특히 옥수수와 콩)에만 특화한 보험상품 Total Weather Insurance Product을 판매하기 시작했다. 현재 클라이미트 코퍼레이션은 지난 60년간의 지역별 기상 데이터와 지역별·곡물별 수확량 데이터를 바탕으로 미국 전역의 2,000개 관측소에서 실시간으로 수집되는 날씨와 작물 정보를 통합·분석해 농민들에게 다양한 인사이트를 제공한다. 날씨와 경작지 요약 통계 등은 무료지만, 지역 리포트, 수확량 분석, 경작지 건강 예측, 파종播種 보험 매뉴얼, 작황 보험 매뉴얼 등 경작지에 대한 이해를 높여주는 정보는 연 회비 999달러에 제공하고, 수확을 극대화하기 위한 파종, 질소 관리 등의 서비스는 1에이커당 4달러에 제공한다. 2013년에 거대 농업 기업 몬산토Monsanto는 클라이미트 코퍼레이션을 약 10억 달러에 인수했다.

질로Zillow 2006년에 창립된 온라인 부동산 검색 회사로 미국 내 1억 1,000만 개가 넘는 주택 정보가 게시되어 있다. 부동산의 추정 가격, 지역 내의 유사한 주택 가격, 면적, 방과 화장실 수 등의 기본 정보 외에도 공개된 정보를 취합해 교육 환경, 교통 환경, 지역 범죄 등의 정보도 제공한다. 질로는 특히 그 부동산의 가치가 1년, 5년, 10년 후에는 어떻게 변할 것인지 예측해주는 제스티메이트Zestimate로 인기를 높이고 있다. 이 예측치는 부동산의 특성 정보(위치, 면적, 건평, 화장실 수 등), 세금 정보(재산세, 실제 재산세 납입 액수 등), 거래 정보(해당 부동산의 과거 거래 기록, 인근의 유사 부동산 최근 거래 가격 등)를 기반으로 질로의 통계 알고리즘이 자동으로 계산해 매일 제공한다. 2009년에 질로는 부동산 임대 정보도 게시하기 시작했으며, 2018년에는 애리조나주의 피닉스와 네바다주의 라스베이거스 지역에서부터 부동산을 직접 구매해 필요한 보수와 업데이트를 한 후에 다시 파는 사업을 시작했다. 질로는 나스닥 상장 회사이며 총 자산은 약 30억 달러, 웹사이트 광고에서 주로 발생하는 매출은 약 10억 달러에 달한다 (2017년).

퍼사도Persado 광고 카피, 즉 광고에 들어가는 캐치프레이즈, 슬로건, 문장 등은 소비자의 시선을 끌고 소비자를 설득하고 재미와 감동을 주는 것으로 매우 크리에이티브한 영역이다. 하지만 퍼사도는 이러한 크리에이티브한 영역에서도 인공지능을 이용해 광고 카피를 만들어주는 기업이다. 퍼사도는 '인지적 콘텐츠 플랫폼Cognitive Content Platform'이라는 기계학습과 자연어 처리 알고리즘을 이용해 이메일이나 페이스북 등에서 타깃 고객들이 광고주가 원하는 행동을 하도록 해주는 말과 감정을 찾아낸다. 이 플랫폼은 마케팅 메시지와 관련된 대규모 데이터베이스와 메시지에 활용된 어휘 분석을 위한 사전ontology이 주요 핵심이다. 퍼사도는 수많은 광고를 학습해서 전환율을 높일 수 있는 단어의 배열을 생성한다. 즉, 마케터들이 주로 사용하는 약 100만 개의 카피 문구를 축적해 메시지가 각 사용자에게 제공하는 감정을 분석한 후 메시지 형식과 문장의 구조, 감정적인 단어의 마케팅 소구appeal 등을 기반으로 최적화된 메시지를 작성한다. 퍼사도는 소매와 온라인 유통, 금융, 여행 서비스, 통신 등의 산업에 솔루션을 제공한다. 실제로 이를 도입한 익스피디아와 버라이즌Verizon 등은 이메일 콘텐츠의 자동 최적화로 전환율이 평균 50퍼센트나 개선되었다고 한다. 퍼사도는 2016년에 세계적인 투자회사 골드만삭스Goldman Sachs에서 3,000만 달러의 투자금을 유치했다. 앞으로는 광고 캠페인뿐만 아니라 병원과 환자의 효과적인 의사소통 등 디지털 헬스케어 분야로 그 영역을 확장할 예정이다.[8]

무콜Moocall 축산 농가에서 가장 큰 골칫거리는 분만 시 어미소의 옆을 지켜보는 것이라고 한다. 새끼가 언제 나올지 알 수 없기 때문에 한눈을 팔 수 없고, 잠시라도 자리를 비울 때 분만이 진행되면 실패율이 높아지기 때문이다. 분만 시기를 예측할 수만 있다면, 농가의 수고와 부담을 현격히 줄여줄 수 있을 것이다. 아일랜드 회사 무콜은 영국의 보다폰Vodafone과 협력해 소의 꼬리 움직임을 감지해 소유주에게 미리 경고를 해주는 분만 알리미 서비스를 개발했다. 무콜은 6만여 개의 소의 꼬리 행동 패턴을 분석해 정확하게 분만 시점을 진단해낸다. 사용 방법은 매우 간단해 분만하기 3~7일 전에 손바닥 크기의 무콜을 꼬리에 장착해놓으면 되는데, 분만이 다가올수록 1~3단계로 문자 알림을 보내준다. 3단계 알림은 약 1시간 안에 분만을 한다는 뜻이며, 여기서 한 번 더 알림이 오면 난산과 역산, 유산 등이 의심된다는 긴급 메시지다. 이때 미리 수의사를 불러와 사전에 준비를 한다면 폐사율을 줄일 수 있다. 무콜 하나로 50~60두의 소에 사용할 수 있고, 한 번 구입하면 5년간 추가 비용 없이 사용할 수 있다. 스마트폰과 연결해 전국 통신망을 활용하기 때문에 어디에 있든지 문자로 알림을 받을 수 있어 농부나 축산업자의 수고를 대폭 줄여준다. 2015년부터 지금까지 약 3만 5,000개의 무콜이 전 세계적으로 판매되었다.

바이스비어거Weissbeerger 2011년에 이스라엘에서 설립된 스타트업이다. 그동안 기존 시장에는 음료 분석beverage analytics이라는 사업 모델이 없었다. 맥주통의 관에 센서(흐름 측정기)를 설치해 꼭지에서 흐르는 맥주량을 실시간 전송하면, 그 데이터를 분석해 다양한 통계와 트렌드를 클라우드를 통해 바bar나 주류업자에게 스마트폰으로 제공하는 것이다. 다수의 관 이외에 냉장고나 공급망의 다른 중요한 포인트에 설치된 센서에서 수집되는 데이터도 함께 통합되어 분석된다. 바이스비어거의 이런 서비스는 주류 제조업자, 유통업자, 바 혹은 레스토랑 주인, 고객들과의 관계를 혁신적으로 변화시키면서 매출과 이익의 증대를 가져왔다. 예를 들어 바 혹은 레스토랑 주인은 브랜드별 소비를 실시간 모니터링하고, 맥주 절도(예를 들어 종업원이 돈을 받지 않고 지인에게 맥주를 주는 것)를 억제하고, 맥주통 잔량을 정확히 파악해 적시에 교체함으로써 불필요한 낭비를 방지하며, 최적의 맛을 위한 맥주의 온도와 흐름 속도를 유지 · 관리해 궁극적으로 소비자 만족을 증대시킬 수 있었다. 또한 고객 선호 · 구매 습관, 즉 언제 무엇을 얼마나 마시는지, 선호 브랜드가 언제 바뀌는지 등을 파악할 수도 있다. 일반적으로 회원 주점은 7~12퍼센트의 맥주 절도와 낭비가 감소했으며, 맥주통당 수입은 5~30퍼센트가 증가했다고 한다. 바이스비어거는 현재 유럽, 미국, 캐나다, 남아메리카, 중국 등 총 15개국에 진출해 있다. 2018년에 전 세계적으로 400여 개의 맥주 브랜드를 관리하고 있는 최대의 맥주 제조 · 판매 기업인 앤하이저-부시 인베브Anheuser-Busch InBev, ABI가 약 8,000만 달러에 바이스비어거를 인수했다.

네스트 랩스 Nest Labs 혁신의 아이콘이라고 할 수 있는 사람이 많이 있지만, 그중에서도 단연 돋보이는 사람이 바로 스티브 잡스다. 그는 혁신을 "현존하고 상용화되어 있는 모든 기술을 잘 조합해서 사용자들이 미치도록 좋아하는 제품을 만들어내는 것"이라고 정의했다. 혁신이 무슨 대단한 것을 새롭게 창조하는 것이 아니라 기존의 것들을 잘만 조합해도 아주 혁신적일 수 있다는 것이다. 실제로 그는 여러 산업을 변혁시켰지만, 그의 위대한 능력은 실제로 무엇을 새롭게 창조한 것은 아니었다. 대신에 그는 세계 최고의 변신과 새로운 조합의 귀재였다. 스티브 잡스는 어떤 산업을 보고 그 안의 문제를 발견해 그것을 어떻게 아름답고 단순하고 즐거움을 주는 것으로 만들 것인지 생각해냈다. 이런 스티브 잡스의 철학을 누가 가장 충실하게 실행에 옮길 수 있었을까? 바로 토니 파델Tony Fadell이다. 그는 애플의 수석 부사장으로 아이팟 개발을 주도해 '아이팟의 아버지'라고도 불린다. 스티브 잡스와 오랫동안 함께 일한 그가 스티브 잡스의 혁신 유전자를 정확히 이해하고 계승한 것은 놀랄 일이 아니다. 파델은 2008년 말에 애플을 퇴사한 뒤, 가족과 함께 프랑스 파리에서 긴 휴가를 보냈다. 1년 후에 다시 미국으로 돌아온 그는 새집을 지을 계획을 세웠는데, 그가 원하는 새집은 단순하고 환경 친화적이면서도 기술적으로는 최첨단인 집이었다. 아이팟을 개발한 그가 그런 수준의 집을 원하는 것은 당연한 일이었다. 하지만 그는 그 과정에서 예상하지 못한 상황을 경험하면서 매우 놀랐다. 그가 생각하기에는 집에서 사용하는 대부분의 가전기기 제품들이 약간의 예외를 제외하고 모두 1950년대 수준에서 더는 발달되지 않았기 때문이다. 예를 들어 에너지를 절약하는 온도 조절기를 구입하려고 했지만, 기존의 온도 조절기는 그런 기능은커녕 극히 제한적인 기능만 갖고 있었다. 파델은 이런 현실에서 사람들의 삶을 편하게 해주는 새로운 사업의 기회를 발견했다. 돋보이는 디자인에 와이파이wi-fi와 값싼 센서 기술을 결합해 집 안에서 생성되는 데이터를 분석하면 성능이 훌륭한 첨단 제품을 만들 수 있다고 확신한 것이다. 그는 몇 명의 동료와 함께 차고에서 네스트 랩스를 창립했는데, 직역하면 '보금자리 연구소'이고 의역하면 '스마트홈 연구소'가 된다. 회사의 모토는 집 안에서 사랑받지 못하는 것들을 한 번에 하나씩 단순하고 예쁘고 생각할 줄 아는 것으로 재창조해 사람들의 삶을 편안하게 바꾸는 것이다. 네스트 랩스가 선택한 첫 제품은 수십 년 동안 거의 개선되지 않은 온도 조절기였다. 베이지색의 못 생긴 이 온도 조절기는 미국 가정이 소모하는 에너지의 반을 통제하고 있었지만, 실제로는 온도 조절기가 없을 때보다 많은 에너지가 소비되고 있다는 불만이 있을 정도였다. 하지만 온도 조절기의 수요는 매우 컸는데, 미국에서 2억 5,000만 개가 설치되어 있고 매년 1,000만 개가 판매되었다. 네스트 랩스가 새로 내놓은 온도 조절기는 4가지의 혁신적인 특징을 장착했다. 첫째는 멋진 디자인이다. 벽에 달아놓는 아름다운 디자인의 온도 조절기는 그 자체가 품격 있는 장식물 역할도 했다. 둘째는 와이파이 장착이다. 따라서 온라인으로 소프트웨어를 업데이트하거나 어디에 있든지 관계없이 스마트폰으로 온도 조절이 가능하다. 셋째는 센서로 방 안에 실제로 사람이 있는지 탐지해 그에 따라 온도를 자동으로 조절한다. 넷째는 학습 기능이다. 처음에 온도 조절기를 설치하면 수동으로 취침과 출근 시 온도를 맞추지만 몇 주가 지나면 센서에서 들어온 정보와 언제 어느 상황에서 어떤 온도로 수동 조작했는지 인공지능을 통해 학습한 뒤, 가족들의 삶의 패턴에 따라 온도 조절기가 자동으로 작동한다. 네스트 랩스의 온도 조절기는 매끈한 디자인과 사용자 행동 패턴을 분석한 자동 온도 조절 기능이 호평을 받으면서 발매되자마자 제품이 딸릴 정도로 큰 인기를 끌었다. 그뿐만 아니라 이 기기로 인해 절약된 에너지도 10억 킬로와트에 달했는데, 이는 미국 전역에 15분 동안 전기를 공급할 수 있는 규모였다. 온도 조절기가 히트를 치자 네스트 랩스의 두 번째 제품이 무엇일지에 대해 관심이 높아졌다. 그것은 바로 연기 탐지기였다. 연기 탐지기는 사람들의 생명을 구하는 중요한 기기였을 뿐만 아니라 법적으로도 대부분은 몇 개씩은 어느 주택이나 꼭 갖춰야 했기에 그 수요도 대단히 컸다. 하지만 기존의 연기 탐지기는 잦은 허위 경보 등의 문제 때문에 가정에서 가장 짜증나는 기기였다. 그래서 사람들은 위험을 무릅쓰고 연기 탐지기를 꺼놓는 경우도 많았다. 네스트 랩스의 연기 탐지기는 우선 안전을 개선했다. 즉, 사람들이 허위 경보를 막으려고 연기 탐지기를 꺼놓는 것을 방지하기 위해 실제로 경보가 울리기 전에 경보가 날 수 있는 상황임을 미리 부드러운 음성으로 알리는 기능을 추가해 위험 상황을 대비

할 수 있도록 했다. 또한 불필요한 경보를 최소로 줄이기 위해 온도 조절기의 센서가 경보의 필요성을 판단하도록 했다. 예를 들어 목욕탕에 설치된 연기 탐지기의 센서는 증기와 연기를 분간할 수 있어 샤워할 때 생기는 증기를 감지해도 경보를 울리지 않는 것이다. 최첨단의 기술을 하나도 사용하지 않고 이미 상용화된 지 오래된 기술들을 조합해 만든 2개의 제품만으로 네스트 랩스는 창업 3년 만에 3억 달러의 매출을 올렸다. 네스트 랩스의 비전은 많은 가전기기가 집 안 환경을 탐지하고, 인터넷으로 서로 소통하고, 시키지 않아도 인공지능으로 스스로 알아서 일을 하는 가정, 즉 의식 있는 스마트홈을 만드는 것이다. 네스트 랩스의 이런 비전은 2014년 초에 큰 추진력을 얻게 되었다. 구글이 네스트 랩스를 무려 32억 달러에 인수한 것이다. 이 금액은 통상적으로 매출액의 2배 수준인 인수가액을 크게 초과해 무려 10배에 달했는데, 구글이 유튜브를 인수할 때 지불한 16억 달러보다도 2배나 많은 금액이었다. 왜 구글이 이처럼 엄청난 금액을 지불하며 네스트 랩스를 인수했을까? 한마디로 말하면 구글이 네스트 랩스의 현재 가치보다도 미래의 성장 가능성을 높게 평가한 결과다. 특히 네스트 랩스가 개발하고 앞으로 개발할 기기들과 구글의 크롬캐스트나 구글글라스 등의 모바일 서비스를 결합해 스마트홈 네트워크 시장에 적극적으로 진출하기 위한 것이다. 또한 궁극적으로는 사물인터넷 혹은 만물인터넷internet of everything 같은 차세

대 IT산업에 대한 주도권을 확실히 잡으려는 확고한 의지를 드러낸 것이다. 네스트 랩스는 2016년에 가정용 방범 카메라를 출시했으며, 현재는 40여 종의 사물인터넷 스마트홈 기기가 네스트 랩스에 연동되어 있다. 이제 네스트 랩스는 스마트홈의 허브가 되어 미국 대부분의 가정에서 무슨 일이 벌어지고 있는지에 대한 데이터를 자동으로 축적하고 있다.

공급자와 수요자를 연결하는 플랫폼

플랫폼은 공급자와 수요자가 거래하는 장場을 말한다. 구체적으로는 가치(제품, 서비스, 콘텐츠 등)를 만드는 생산자와 그 가치를 이용하려는 소비자가 자유롭게 만나서 연결되는(사고파는) 장이다. 플랫폼 비즈니스는 이런 플랫폼을 구축해 그것을 사업 수단으로 사용하는 것이다. 그런데 플랫폼으로 비즈니스를 한다고 할 때는 2가지 유형이 있다.[9]

첫째는 성공한 비즈니스를 플랫폼으로 확장해 더 많은 참여자가 윈윈할 수 있도록 생태계를 확장시키는 경우다. 비즈니스가 플랫폼이 되었다고 해서 비즈니스 플랫폼이라고 부르는데 유형 4가 여기에 해당된다. 애플, 구글, 트위터, 페이스북, GE 등은 기존에 갖고 있던 자산들을 플랫폼으로 만들어 급성장했다. 둘째는 처음부터 플랫폼을 개발해 비즈니스를 만드는 경우다. 사람들이 붐비리라고 예상되는 길목에 가게를 열듯이 플랫폼을 먼저 만들어놓고 점차 확산시키는 것이다. 공급자와 수요자가 거래할 플랫폼(인프라)을 먼저 만든다고 해서 인프라형 비즈니스라고 하는데, 유형 7이 여기에 해당된다. 에어비앤비, 우버, 아마존웹서비스 등은 서비스를 제공하는 플랫폼을 먼저 만들고 나서 성공적으로 확산시켰다.

유형 7의 특징은 사업자가 직접 제품이나 서비스를 제공하는 것이 아니라 제품이나 서비스를 제공하는 공급자들과 이것이 필요한 수요자들을 연결해주는 것이다. 유형 7에는 단순하게 연결만 해주는 플랫폼만을 제공하는 경우(에어비앤비, 우버 등)도 있고, 공급자들과 수요자들이 플랫폼 내에서 효율적으로 거래할 수 있도록 하는 인공지능을 장착한 플랫폼도 있다.

에어비앤비Airbnb 2008년에 설립된 에어비앤비는 남는 방을 보유한 일반 가정과 여행객을 연결해주는 중개 서비스 플랫폼이다. 비어 있는 방이 있는 집주인(호스트)이 에어비앤비 플랫폼에 방을 내놓으면, 여행객(게스트)이 마음에 드는 숙소에 예약 요청을 보내 호스트의 승인을 받거나 즉시 예약이 가능한 숙소라면 바로 결제하고 에어비앤비는 수수료를 받는다. 대표적인 스타트업 성공 사례로 꼽히는 에어비앤비는 현재 192개국의 6만 5,000여 개

도시에서 400만 개 숙소를 운영하고 있으며 창업한 지 10년 만에 기업 가치가 310억 달러를 돌파했다. 자체적으로 보유하고 있는 객실이 단 하나도 없는 에어비앤비가 전 세계 70여 개국에서 호텔 체인점을 운영하고 있는 메리어트보다도 시가총액이 높다. 대표적인 공유 플랫폼인 에어비앤비는 집의 개념을 바꾸었다는 평가를 받는다. 소유의 개념이 강했던 집을 누군가와 공유할 수 있는 공간으로 바꾸고 돈까지 벌 수 있도록 했다. 여러 논란이 있지만 저렴한 가격으로 호텔보다 넓고, 접근성이 좋은 곳에 방을 구할 수 있다는 장점에서 여행객들 사이에서 인기가 높아 지금까지 2억 6,000만 건의 예약이 성사되었다. 에어비앤비는 숙박 공간을 중개하는 역할을 넘어서서 항공기, 렌터카, 레스토랑, 관광 명소 예약까지 여행 전반에 걸친 서비스를 제공하는 회사로 성장하고 있다.

집닥 한국의 인테리어 시장 규모는 20조 원 정도로 추산되며, 해마다 빠르게 성장해 몇 년 이내에 30조 원 규모가 될 것으로 예상된다. 하지만 인테리어 시장은 거래가 불투명하게 이루어지는 레몬 마켓lemon market이다(레몬 마켓은 재화나 서비스의 품질을 구매자가 알 수 없어서 결국에는 저품질만 거래되는 시장이다. 예를 들면 레몬이나 중고차를 구매하는 경우 정보가 부족한 구매자는 어느 수준 이상의 금액을 지불하려 하지 않기 때문에 점점 저품질만 거래되는 시장이 형성되게 된다). 시공에 들어가는 자재비와 인건비 등이 업체마다 제각각이어서 믿고 맡길 업체를 찾는 데 어려움을 겪는다. 소비자들이 저렴한 견적을 받기 위해 발품을 팔더라도 인테리어에 관한 정보가 부족해서 그 견적이 적절한지 잘 알 수가 없다. 더욱이 처음 계약했던 자재와 다르다고 해도 소비자들이 알아보기는 쉽지 않다. 집닥은 레몬 마켓으로 전락한 인테리어 시장에 시공을 원하는 수요자와 시공업체를 중개하는 플랫폼 회사다. 무료 방문 상담과 견적서 제공, 시공업체 매칭, 직접 현장 감리 수행, 시공 후 3년의 AS 보증, 시공업체에 대한 안전결제 서비스 등이 집닥의 차별점이다. 집닥의 수익 모델은 인테리어 업체에서 받는 월회비와 공사 대금에 대한 수수료다. 집닥은 비즈니스를 시작한 지 3년 만에 회원 시공업체 400곳을 보유하고 7만 건 이상의 견적을 제공했으며 누적 거래 금액은 약 950억 원을 달성했다.

캐글Kaggle 2010년에 호주 멜버른에서 설립된 예측 모델과 분석 대회 플랫폼이다. 기업과 단체에서 데이터와 해결 과제를 등록하면, 데이터 사이언티스트들은 기계학습과 통계학을 기본으로 다양한 전략과 알고리즘을 구사해 이를 해결하는 모델을 개발하고 경쟁한다. 미국 항공우주국NASA, 마이크로소프트, 페이스북, 포드자동차, 마스터카드, 화이자제약 등과 잇따라 계약을 맺고, 이들의 빅데이터 문제를 해결하는 대신 매달 혹은 건당 수만 달러의 수수료를 받는다. 해결 과제에 따라서는 상금이 걸리기도 하는데, 가장 큰 규모의 우승 상금은 300만 달러로 미국 의료단체 '헤리티지 프로바이더 네트워크Heritage Provider Network'가 제안했다. 어떤 환자의 과거 보험 청구 데이터를 통해 1년 이내에 병원을 다시 찾을지 예측하는 문제를 해결하기 위해 1,400여 명의 전문가가 모였다. 캐글에 가입해 활동하는 데이터 사이언티스트(캐글러Kagglers라고 부른다)는 약 55만 명에 이른다. 2017년 구글이 캐글을 인수했는데, 구글 클라우드 컴퓨팅 플랫폼 사업에서 큰 힘을 발휘하고 있다.

제9장

빅데이터 테마를 어떻게 선정할 것인가?

목표는 데이터를 정보로, 정보를 통찰력으로 바꾸는 것이다.

★ 칼리 피오리나Carly Fiorina(전 휼렛패커드 CEO)

데이터를 낭비하는 기업들

우리 곁에 이미 와 있는 미래는 제4차 산업혁명 시대, 빅데이터 시대, 인공지능 시대라고 불린다. 이제 기업은 이 시대의 5대 핵심 기술(소셜미디어, 모바일, 사물인터넷, 클라우드, 빅데이터)을 자신의 사업을 혁신하는 도구로 활용해 비즈니스를 차별화하고 경쟁력을 획기적으로 높여야 한다. 이런 시각에서 볼 때 우리 기업의 현실은 어떤가? 최근에 대기업에 속한 한 유통기업은 외국계 컨설팅 회사에 "우리가 도대체 어떤 데이터를 갖고 있는지 분석해달라"는 용역을 의뢰했다고 한다. 이런 사실은 바로 대부분의 기업이 데이터 분석은 고사하고 자신이 어떤 데이터를 갖고 있는

〈그림 1〉 데이터 분석 측면에서 본 기업의 유형

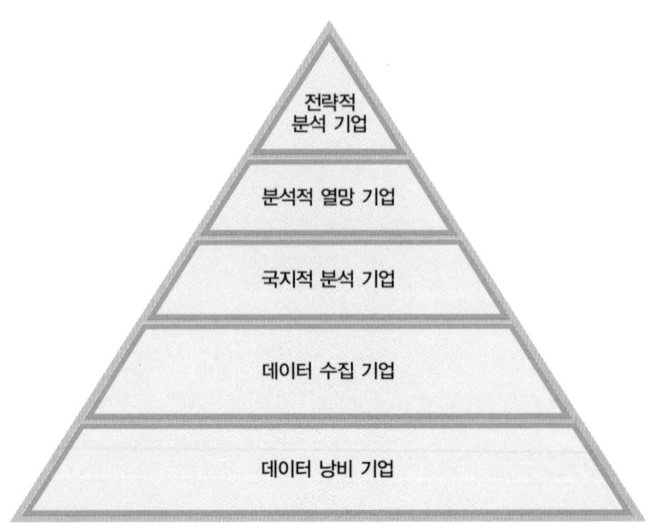

지도 모르는 안타까운 현실을 대변한다. 데이터 분석 측면에서 기업은 〈그림 1〉과 같이 구분할 수 있는데, 각 유형별 특징은 다음과 같이 요약할 수 있다.[1]

데이터 낭비 기업은 어느 산업에서나 쉽게 찾아볼 수 있는 유형으로 데이터 수집 자체를 하지 않거나 수집해도 거의 활용하지 않는다. 기업의 임직원은 물론 경영자도 데이터의 전략적 활용에 대해 아무 관심이 없다. 데이터 수집 기업은 데이터의 중요성은 인식하고 있으나 정작 데이터를 저장하는 것 외에는 다른 조치는 취하지 않는 유형이다. 국지적 분석 기업은 내부 비즈니스 운영 상황을 잘 파악하기 위해 데이터를 국지적으로 활용하고 있지만, IT 부서나 사업 부서 사람들이 데이터의 전략적 활용성을 이해하지 못한다.

분석적 열망 기업은 데이터의 중요성을 알고 있으며 전략적 의사결정에 활용하기 위해 투자를 감행할 준비도 되어 있으나 선두 그룹에 비해 수준이 못 미치는 유형이다. 데이터의 전략적 활용성에 눈을 뜬 정보통신이나 소매산업의 일부 기업들이 이 유형에 속한다. 전략적 분석 기업은 데이터를 전략적으로 이용할 뿐만 아니라 매우 높은 수준의 분석 역량을 보유하고 있다. 제조업체나 금융 서비스, 온라인 유통 기업들이 이 그룹에 속해 있을 가능성이 높다. 데이터의 상당 부분을 활용하고 있으며 잠재 가치를 확보하기 위해 새로 등장하는 데이터들의 활용성을 계속적으로 탐색한다.

왜 많은 기업이 데이터 낭비자 혹은 수집가에 머무르고 있을까? 왜 많은 기업이 데이터를 낭비하거나 그저 쌓아놓기만 하는 것일까? 왜냐하면 데이터에 대한 적극적인 활용 의지가 없는데도 데이터는 자동으로 계속 쌓이고 있기 때문이다. 온라인, 모바일, SNS, 센서 등이 보편화되면서 기업들이 데이터를 어디에 어떻게 활용하겠다는 분석 의지를 미처 키우기도 전에 이미 업무와 고객에 대한 데이터가 엄청나게 쌓여가는 것이다. 토머스 대븐포트는 이렇게 말했다.

"그 어느 때보다 기업이 마음대로 사용할 수 있는 것보다 많은 데이터를 갖고 있지만, 그 데이터를 갖고 무엇을 할지는 거의 알지 못한다. 기업 내부의 데이터는 마구 뒤섞여진 상태에서 어느 날 정리될 날만을 기다리고 있는 다락방에 보관된 사진들의 박스와 같다. 더군다나 데이터 정리와 분석을 해야 하는 대다수의 IT 부서는 기본적인 역량을 유지하고 지속적인 지원만 함으로써 최소한의 서비스를 만족시키는 데 급급하고 있는 것이 안타까운 현실이다.……데이터를 저장하는 기술력의 진보는 놀랍지만, 대부분 기업들의 데이터 관리, 분석, 적용 역량은 저장 기술의 진보 속도를 따라가지 못하고 있다."[2]

디지털 혁신의 궁극적인 목표

우리가 다양한 기업의 경영자 특강과 토론을 통해 확인한 바에 따르면, 대부분 기업들의 디지털 혁신의 목표는 다음과 같은 3가지로 요약할 수 있다(이 3가지 목표는 B2C 기업에 해당한다. 제조업 등의 B2B 기업에는 첫 번째 목표, 즉 스마트 공장을 구현해 프로세스 혁신을 하는 것이 디지털 혁신의 주된 목표다).

프로세스 혁신process innovation 프로세스 혁신은 구매, 제품 개발, 생산, 마케팅, 재무, 회계 등 기업의 모든 부문에 걸쳐 업무 체계와 조직을 혁신해 효율을 증대시키거나 비용과 위험을 감소시키려는 활동을 말한다. 기업의 경쟁우위란 결국 비즈니스의 다양한 영역에서 1~2퍼센트를 증대시키거나(효율, 생산성 등) 감소시키는(비용, 위험 등) 것이다. 예를 들면 원가, 수율, 이상 탐지, 새로운 기회 포착 등의 측면에서 경쟁사보다 1~2퍼센트를 높이거나 감소시키는 것이 바로 경쟁우위다. 그리고 기업 내외부에 데이터가 넘쳐나는 빅데이터 시대에는 그러한 경쟁우위를 달성할 수 있는 안성맞춤의 수단이 바로 데이터 분석이다.

개인화 추천personalized recommendation 개인화 추천은 특정 상품이나 서비스를 구매할 확률이 높은 고객을 예측해 그 고객에게 해당 상품이나 서비스를 추천하는 것이다. 인터넷 쇼핑의 빠른 성장으로 소비자들은 자신들이 원하는 상품과 서비스를 효과적으로 찾아야 하는 문제에 직면했다. 이런 정보의 과부하를 해소하는 동시에 매출 증대를 위한 수단으로 기업들은 다양한 추천 시스템을 개발하고 활용하고 있다. 이제 개인화 추천은 도서, 영화, 음악, 쇼핑, 금융 상품, TV 프로그램, 인터넷 콘텐츠, 신문이나 잡지 기사뿐만 아니라 심지어는 온라인 데이트까지 광범위하게 활용되고 있다.

챗봇 서비스chatbot service 챗봇은 채팅chatting과 로봇robot의 합성어로 채팅하는 로봇, 즉 사람의 질문에 알맞은 답이나 각종 연관 정보를 제공하는 인공지능 기반의 커뮤니케이션 소프트웨어를 말한다. 웹이나 앱을 따로 실행하지 않고도 대화하듯 정보를 편리하게 얻을 수 있어 쇼핑, 호텔 예약, 뉴스 확인, 법률 상담 등 사용 범위가 점차 확대되고 있다. 특히 개인화 추천을 챗봇 서비스로 제공하게 되면, 고객에게 편리함과 함께 색다른 사용자 경험을 제공할 수 있다. 기업들은 챗봇 서비스를 디지털 혁신의 궁극적인 목표로 삼고 있다.

빅데이터 프로젝트는 왜 실패하는가?

3가지 구체적인 목표를 갖고 추진되는 기업들의 디지털 혁신은 계획대로 잘 진행되고 있을까? 기업들은 이런 전략적인 혁신을 어려움 없이 잘 추진하고 있을까? 우리의 대답은 매우 부정적이다. 기업들은 빅데이터를 도입해 디지털 혁신을 구체화하는 데 많은 어려움을 겪고 있다. 심지어는 이를 추진하기 위한 TFTask Force의 활동조차도 시작부터 삐거덕대며 진전이 되지 않거나, 진행이 되더라고 제대로 된 결과를 내지 못하고 실패하는 경우가 대부분이다. 전자와 후자의 간단한 사례를 각각 들어보자. 다음은 TF 활동에서부터 진전이 되지 않아 우리에게 도움을 요청했던 이메일 내용의 일부분이다.

다음은 교수님께 구체적인 지도를 요청하는 사항입니다. 첫째, 현재 운영 중인 빅데이터 사업 주제 선정을 위한 협의체TF의 운영 방안, 둘째, 빅데이터 협의체 구성원이 목표 달성을 위해 노력해야 하는 분야, 셋째, 빅데이터 사업 주제 발굴을 위한 효과적인 방법론, 넷째, 빅데이터 사업 추진을 위한 과정에 대한 조언.……교수님께서는 컨설팅보다는 잘 짜여진 방법론에 의거해 직원들의 힘만으로 사업 추진을 하는 것이 이상적이라고 추가적인 조언을 해주셨습니다. 교수님 말씀의 요지는 이해하겠으나, 실제로 추진하기에는 막막해 팁을 요청드립니다.

다음은 TF를 여러 번 진행했지만 제대로 된 결과를 내지 못해 도움을 요청했던 이메일 내용의 일부분이다.

우려한 대로 이번의 빅데이터 TF도 제대로 된 결과를 도출하지 못했습니다. 이번이 벌써 3번째 TF인데도 결과는 마찬가지였습니다. 왜 이런 실패가 반복되는지요? 도대체 무엇이 시작부터 잘못되었는지요? 교수님의 도움을 요청드립니다.

왜 기업들은 이와 같은 어려움을 겪는 것일까? 무엇이 문제이기에 이런 어려움이 반복되는 것일까? 그 이유에 대해서는 여러 의견이 있겠지만, 우리는 '기업 내에서 빅데이터를 바라보는

관점'이 다르기 때문이라는 지적에 동의한다.[3]

많은 매체를 통해 제4차 산업혁명이나 빅데이터 등을 자주 접한 경영자는 '우리도 빅데이터로 무언가 해야 되지 않는가?' 하는 의무감 혹은 압박감을 느끼게 된다. 그러면 경영자는 늘 그렇듯이 아랫사람에게 시키면 되겠지 하는 생각에, 또한 빅데이터는 IT 부서가 담당하면 된다는 생각에 IT 부서에 TF를 맡긴다. 그런데 IT 부서는 해당 기업의 IT 서비스 요구를 최소한으로 충족하기 위한 업무에만 급급한 실정이어서 새로 맡은 빅데이터 TF를 주도해나갈 여력이 없다. 그래서 다양한 솔루션을 제공하는 외부 업체vendor를 불러 그들의 해법을 들어보기도 하고, 경우에 따라서는 개념 증명proof of concept(빅데이터 기술이나 솔루션 등이 해당 기업의 빅데이터 문제를 해결할 수 있다는 증명 과정)을 시켜보기도 한다.

한편 TF에서 배제된 현업 부서는 이제 빅데이터 프로젝트는 IT 부서에서 알아서 처리하라고 완전히 손을 놓는다. 빅데이터 프로젝트가 현안의 문제를 풀기 위한 것인데, 현업 부서가 제외된 상태에서 현업의 문제를 모르는 IT 부서가 무엇을 할지 몰라 헤매는 상황이 만들어지는 것이다. 기업 전반의 분위기도 빅데이터 프로젝트에 대해 매우 회의적이다. 기업의 데이터가 빅데이터가 될 만큼 많은지에 대해 쓸데없이 논쟁을 한다든지, 예산이나 전문 인력도 없는데 어떻게 빅데이터를 도입하느냐고 부정적인 시각으로 본다.

상황이 이렇다 보니 TF가 다양한 검토를 하기는 하지만, 우선 부서 간 의사소통이 잘 안 돼 빅데이터 프로젝트는 시작부터 어려움을 겪는다. 경영진은 빅데이터 도입을 지시만 하면 그 후의 진행은 다 잘되는 것으로 기대하고 있기에 IT 부서만 머리를 싸매고 고민을 하게 된다. 어렵게 프로젝트를 시작한다고 하더라도 특히 현업 부서는 남의 일이라고 생각하는 등 부서 간의 협조는 여전히 잘되지 않는다.

이런 식으로 진행이 되니 중간보고를 할 때쯤 되면 관련 부서에서 실망하기 시작하고, 마지막에는 '이건 아니다! 도대체 왜 이런 것을 이렇게 했지?'라고 노골적으로 불만을 표시한다. 결과적으로 빅데이터 도입이 완료되었더라도 정작 그것을 활용하는 부서가 없게 된다. 이런 현상이 나타나게 되는 원인은 무엇일까? 그 문제점을 하나씩 짚어보자.

무엇이 문제인가?

첫 번째 문제는 데이터 분석을 바탕으로 경쟁우위를 확보 · 유지하려는 경영자의 비전과 신념이 확고하지 못하기 때문이다.

경영자가 데이터 분석에 대한 지속적인 강조, 전념, 몰두, 헌신, 지원 등이 없이 '빅데이터에 대해 뭔가를 해보라'고 시키면 그 진행이 더디거나 잘못될 수밖에 없다. 기업에서 빅데이터 도입이 성공하려면 수많은 조직 구성원의 태도, 프로세스, 행동과 기술이 변해야 하는데, 이런 변화는 경영자가 디지타이징 비즈니스에 대한 진정성과 절박감을 갖고 지속적이고 적극적으로 추진해야 변화를 가져올 수 있다.

두 번째 문제는 빅데이터 도입의 책임을 IT 부서에 맡기는 것이다. 빅데이터 도입의 목적은 기업의 문제를 데이터 기반으로 해결하려는 것이다. 그 문제가 왜 일어났고 구체적인 원인이 무엇이며 앞으로 어떤 일이 일어날 것인지 예측해 최적으로 대응하기 위함이다. 그런데 IT 부서는 업무와 현안에 대해 잘 모르며 문제의 원인을 찾기 위한 통계적 접근이나 모델링도 전문 영역이 아니기 때문에 책임을 맡아서는 안 된다. 그 이유를 데이터 분석의 일반적인 과정으로 설명해보자.

빅데이터를 분석하는 과정은 전통적인 데이터(상대적으로 스몰데이터)를 분석하는 과정과 크게 다르지 않다. 2개의 대표적인 방법론을 보자. 우선 분석 솔루션 업체인 SAS가 제시하는 방법론SEMMA은 데이터 추출Sample→데이터 탐색Explore→데이터 변환Modify→모델링Modeling→모델 평가Assess의 5단계다. 업계 표준 프로세스인 CRISP-DMCRoss-Industry Standard Process for Data Mining은 비

〈표 1〉 데이터 분석의 8단계

IT 영역	통계 영역	현업 영역
5. 필요한 입력 데이터 수집과 전처리	4. 선정된 분석 기법에 투입될 입력 데이터 지정 6. 분석 기법 적용, 최적 모델 적용, 결과 도출	1. 문제 정의 2. 해당 문제의 해결을 위해 어떤 결과가 필요한지 탐색 3. 그런 결과를 낼 수 있는 분석 기법 결정 7. 분석 결과 해석(통찰력 추출) 8. 문제 해결을 위한 행동 계획 전개와 평가

즈니스 이해Business Understanding→데이터 이해Data Understanding→데이터 준비Data Preparation→모델링Modeling→모델 평가Evaluation→전개Deployment의 6단계다. 하지만 우리는 〈표 1〉과 같이 좀더 상세하게 8단계로 분석 과정을 설명한다.

문제란 일반적으로 바람직한 상태와 현재 상태의 차이를 말한다. 따라서 문제 정의는 기업이 해결하고자 하는 현재 상태의 개선이 무엇이고, 왜 그것을 해결해야 하는지(무엇을 달성할 것인지) 명확히 하는 것이다. 문제 정의는 통계적인 시각, 즉 데이터의 수집과 분석으로 해결할 수 있도록 정의되어야 한다. 문제가 정의된 후에는 그 문제의 해결을 위해서는 어떤 데이터 분석 결과가 필요한지 탐색하는 것이다. 문제가 잘 정의되더라도 그 문제를 해결할 수 있는 분석 기법이 분명하지 않은 경우가 많아 문제 해결을 위해 필요한 분석 결과가 어떤 것인지 고민해야 한다.

다음으로는 그런 분석 결과를 낼 수 있는 분석 기법을 결정한다. 원하는 결과를 만들어내는 분석 기법이 하나인 경우보다는 여러 개인 경우가 대부분일 것이다. 분석 기법이 결정되면 그 기법에 투입되어야 하는 데이터를 지정한다. 여기까지 과정은 현업과 통계 전문가의 밀접한 의사소통과 협력이 필요하다. 필요한 입력 데이터를 결정하고 나면 해당 데이터를 수집, 저장, 전前처리를 해야 하는데, 이 단계는 주로 IT 부서의 영역이다. 데이터가 준비되면 분석 기법을 적용·평가하는 과정을 거쳐 선정된 최적 모델로 분석 결과를 도출한다. 다음에는 도출된 결과에서 문제 해결의 방향, 즉 의미 있는 인사이트를 추출한 다음 그것을 의사 결정과 실무에 전개deploy하고 피드백을 받는다.

〈표 1〉의 데이터 분석 과정은 기업들이 빅데이터를 도입하려고 할 때 왜 많은 어려움을 겪는지 잘 보여준다. 빅데이터 도입을 IT 부서가 전적으로 책임을 지고 TF를 맡게 되면 다른 부서와의 의사소통, 특히 현업 부서와의 의사소통이 원활하지 않게 된다. 그것은 〈표 1〉에서 볼 수 있듯이 IT 부서가 담당하는 데이터 분석의 영역은 데이터를 수집, 저장, 전처리하는 일부분에 지나지 않기 때문이다. 역사적인 사례를 들어보자.

〈그림 2〉 폭격기의 총알 구멍 분포

제2차 세계대전 중에 유럽 상공에서 임무를 마치고 귀환하는 미군 폭격기bomber들은 기체에 총알 구멍이 많이 나 있었다.(〈그림 2〉) 독일 전투기의 공격으로 입은 총알 구멍이었다. 군관계자들은 폭격기들이 적기에 총알을 맞더라도 격추되지 않도록 폭격기에 철판으로 된 갑옷, 즉 방탄판armor-plate, 裝甲板을 두르려고 계획했다. 그러나 방탄판을 너무 많이 두르면 폭격기가 무거워지고 느려져 적기의 공격에 매우 취약하게 되었다. 군관계자들은 꼭 필요한 부분에만 방탄판을 두르기 위해 폭격기가 총알을 맞은 부분을 전부 조사했다. 조사 결과 총알 구멍이 폭격기 전체에 고르게 분포되지 않았고 동체胴體에 더 많았다. 군관계자들은 동체의 주요 부분에 방탄판을 두르기로 결론을 내렸다.

군관계자들이 결정했던 그대로 동체의 주요 부분에만 방탄판을 둘렀다면, 이는 두고두고 역사에 웃음거리로 남았을 것이다. 이 결론을 뒤집은 사람은 미국 컬럼비아대학의 통계학 교수인 아브라함 발드Abraham Wald였다. 당시 그는 미국 통계학자들이 전쟁을 지원하는 기밀 프로그램인 통계연구그룹SRG의 일원이었다. 그가 처음으로 한 일은 현업에 있는 조종사들과 어디에 방탄판을 둘러야 하는지에 대해 토론한 것이었다. 이는 총알 구멍 데이터가 의미하는 상황과 맥락을 이해하기 위함이었다.

이 과정에서 '사라진 총알 구멍들은 어디에 있을까? 피해가 폭격기 전체에 골고루 분포된다면 분명히 엔진 덮개에도 총알 구멍이 있을 텐데 그것들은 어디로 사라졌을까?'라는 의문을 품게 되었다. 그는 '사라진 총알 구멍들은 사라진 폭격기에 있었다. 엔진에 총알을 많이 맞은 폭격기들은 돌아오지 못했다'는 통찰을 얻었다. 동체에 총알 구멍이 많다는 것은 동체에 입은 타격은 견딜 만하다는 것이고, 엔진에 총알 구멍이 적다는 것은 엔진에 총알 구멍이 있는 폭격기들은 돌아오지 못했기 때문이다. 그는 방탄판을 총알 구멍이 많이 난 동체에 두르는 것이 아니라 총알 구멍이 없는 엔진 부분에 둘러야 한다고 권고했다. 그의 권고는 즉각 받아들여졌고 미 해군과 공군은 나중에 한국전쟁과 베트남전쟁에서도 계속 그의 조언을 따랐다.[4]

빅데이터 테마 선정 프로세스

"시작이 반이다"라는 속담이 있다. 망설이고 있는 사람에게 주저하지 말고 시작하라고 용기를 줄 때 많이 쓰이는데, 시작의 중요성을 강조하는 말이다. 이와 달리 서양에서는 "잘 시작해야 반이다Well begun, half done"라는 아리스토텔레스의 명언이 있다. 무조건 막 시작하기보다는 준비를 꼼꼼히 해서 시작을 잘해야 한다는 의미다. 빅데이터를 도입할 때에는 우리 속담보다는 아리스토텔레스의 말을 명심해야 한다. 왜냐하면 과연 어떤 분야에 빅데이터를 도입할 것인지 결정하는 것, 즉 빅데이터 테마 혹은 프로젝트를 결정하는 데 기업들이 가장 큰 어려움을 겪기 때문이다.

모든 영역에 대해 빅데이터를 한번에 도입해서 적용할 수는 없고, 사업 과정의 어느 영역에서 가장 유용한지를 평가해 테마를 선정해야 한다. 물론 사업성, 차별화, 수익성 등 측면에서 가장 큰 효과를 낼 영역을 타깃으로 정하는 것이 당연하지만, 기업이 갖고 있는 데이터와 필요한 자원(기술, 인력 등)이 얼마나 있는지도 고려되어야 한다. 그런데 빅데이터 TF를 IT 부서가 담당하게 되면 IT 부서가 테마를 결정하게 될 가능성이 높아진다. 문제는 IT 부서는 기업의 전반적인 업무와 현안을 잘 모르기 때문에 빅데이터 테마를 결정하는 데 어려움을 겪거나 자칫 적절하지 않은 테마를 선정할 수도 있다.

빅데이터 테마 선정은 현업 부서에서 주도해야 한다. 왜냐하면 현업에서 문제를 데이터 분석적으로 풀려는 것이 바로 빅데이터 도입의 목적이기 때문이다. 그런데 현업 부서도 빅데이터를 잘 아는 것은 아니다. 그렇다면 빅데이터 테마를 어떤 과정을 거쳐서 선정하는 것이 좋을까? 빅데이터전문가협의회 의장인 장동인 박사는 〈그림 3〉과 같은 빅데이터 테마 선정 프로세스를 제시했다.[5]

〈그림 3〉에 나타난 빅데이터 테마 선정 프로세스를 간단히 요약하면, 첫 번째 단계는 산업별 빅데이터 사례를 분석하는 과정이다. 산업별로 다양한 사례를 분석해 중요한 이슈, 해결 방안, 결과 등에 대한 인사이트를 얻는다. 두 번째 단계는 기본 업무를 분석해 현황과 문제점을 파악하고 빅데이터를 적용할 만한 업무를 탐색한다. 세 번째 단계는 임원, 현업, IT 부서에 대한 인터뷰를 통해 빅데이터 테마 후보가 될 만한 테마, 즉 데이터 분석으로 해결할 수 있는 테마들을 끌어낸다. 네 번째 단계는 내외부 데이터를 파악하고 데이터를 탐색해 앞으로의 분석 방안이나 분석에 필요한 환경을 준비한다.

다섯 번째 단계는 교육 프로그램과 워크숍을 열어 지속적인 피드백과 의견 수렴을 통해 현업과 IT 부서의 요구사항을 수집하면서 자연스럽게 빅데이터 테마들을 추출한다. 여섯 번째 단계는

〈그림 3〉 빅데이터 테마 선정 프로세스

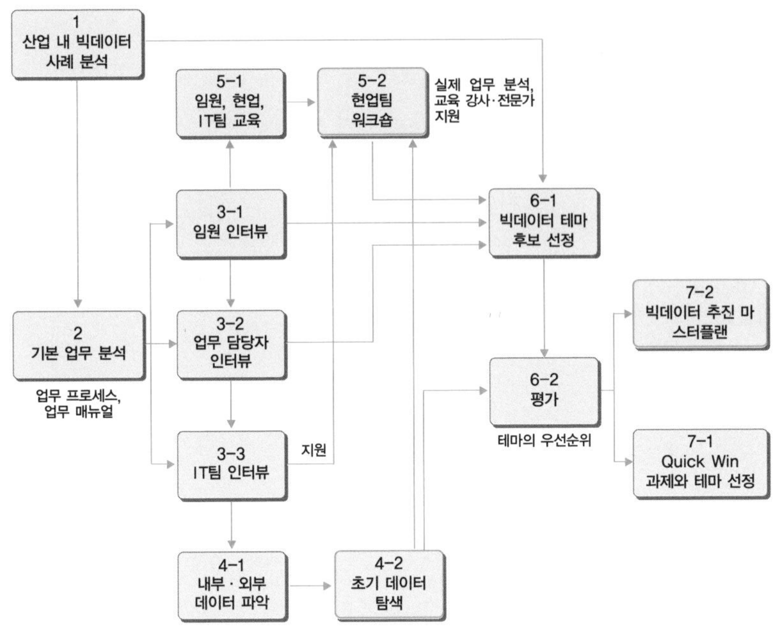

추출된 빅데이터 테마 후보들을 시급성과 경쟁력 제고 효과 등의 일정한 기준에 의해 평가한다. 일곱 번째 단계는 단기 성공Quick Win 과제를 선정하고 이를 체계적으로 실행하기 위한 마스터플랜을 수립한다. 이 모든 과정을 현업 부서가 주도하는 빅데이터 TF가 다른 부서와 밀접하게 협조하면서 수행한다면, 유용한 빅데이터 테마를 선정할 수 있을 것이다. 외부의 도움, 예를 들면 빅데이터 전문가나 컨설팅사의 지원을 받는 것도 좋은 방안이다.

여기에서는 기업들이 빅데이터를 도입해 디지털 혁신을 구체화하는 데 겪고 있는 어려움과 그 원인을 살펴보았다. 그렇다면 경영자들은 이런 문제점을 어떻게 극복할 수 있을까? 제10장에서는 디지타이징 비즈니스가 성공하기 위한 로드맵을 제시한다.

제10장

빅데이터 리더십 로드맵

당신이 필요한 것은 계획, 로드맵, 목표를 향해 나아가는 용기다.

★ 얼 나이팅게일Earl Nightingale(작가)

비즈니스에서 자주 받는 질문은 '왜Why?'이다. 이것은 좋은 질문이다. 그러나 '왜 안 돼Why not?' 역시 마찬가지로 타당한 질문이다.

★ 제프 베저스Jeff Bezos(아마존 CEO)

교육은 당신이 모른다는 것을 알지도 못하는 것을 배우는 것이다.

★ 대니얼 부어스틴Daniel J. Boorstin(역사학자)

성공하는 기업의 4가지 특징

제4차 산업혁명과 빅데이터 시대의 5대 핵심 기술은 소셜미디어, 모바일, 사물인터넷, 클라우드, 빅데이터다. 이 5대 핵심 기술들은 다양하게 얽히면서 사람들의 소비와 행동 양식을 변화시키고 있다. 그에 따라 대부분의 산업, 사회, 문화, 정치가 그 영향을 받고 있다. 이제 기업이 이 5대 핵심 기술을 새로운 도구로 활용해 자신의 비즈니스를 혁신해야 한다. 비유적으로 표현하면 경영자는 스마트폰 시대 이전에 형성된 경험과 직관을 모두 버리고 스마트폰, SNS, 모바일 시대의 빠른 변화에 적응해야 한다.

하지만 기업들은 디지털 혁신을 추진하는 데 많은 어려움을

〈표 1〉 성공하는 기업의 4가지 특징

● 경영진이 데이터 분석과 활용에 헌신적이었다.
● 데이터 분석이 전략적 · 차별적 역량을 뒷받침했다.
● 데이터 분석에 대한 전사적 접근과 관리가 이루어졌다.
● 데이터 분석 기반 경쟁에 전략적 투자를 했다.

겪는다. 이런 상황은 기업의 경영자로서 심각한 도전이다. 비즈니스를 조금 개선하는 정도가 아니라 거의 재창조하기 위한 변화를 해야 하는데, 어디에 어떻게 투자해야 하는지 모르기 때문이다.

여기에서는 경영자들이 이런 문제점을 극복하고 디지타이징 비즈니스를 성공시키기 위한 로드맵을 2개의 틀을 바탕으로 제시한다. 첫 번째 틀은 정교한 분석으로 크게 성공한 기업들의 특징을 참고로 했다. 데이터 분석을 바탕으로 경쟁우위를 유지하고 있는 기업들은 〈표 1〉과 같이 4가지 특징을 보인다.[1]

두 번째 틀은 제1장에서 제시한 바람직한 리더의 조건이다. 성공하는 리더가 되기 위해서는 첫째는 비전, 즉 5년 혹은 10년 후에도 자신의 기업이 경쟁우위를 확보 · 유지할 수 있는 방향을 잘 제시해야 하고, 둘째는 이 비전을 실현하기 위한 체계를 적절히 갖춰야 하며, 셋째는 직원들이 비전과 체계 속에서 최선의 능력을 발휘할 수 있도록 교육에 아낌없이 투자해야 한다. 이 2가지 틀

〈표 2〉 빅데이터 리더십 로드맵

경영자 자신의 근본적인 변화	● 데이터를 기반으로 경영하겠다는 확고한 신념을 가져라. ● 자신의 경험이나 직관에 의한 의사결정 방식을 버려라. ● 데이터를 요구하라. ● 숫자를 의심하라. ● 최소한의 필요한 분석적 지식을 익혀라. ● 장기적인 투자임을 잊지 마라. ● 진행을 지속적으로 점검하라.
분석 기반 경영 체계 구축	● 데이터 담당 임원을 임명하라. ● 데이터 분석적 기업 문화를 조성하라. • 보고서의 형식을 데이터 분석이 포함되도록 바꿔라. • 분석 경영 콘테스트를 열어라. • 분석 지원 체계를 수립하라. • 분석적 역량과 노력을 측정하고 보상하라. ● 분석 전문 인력을 확보하라.
임직원 교육	● 현업 직원의 데이터 분석 능력을 함양하기 위한 교육을 실시하라. ● 임원을 위한 교육을 실시하라.

을 바탕으로 빅데이터 리더십으로 가는 로드맵을 제시하면 〈표 2〉와 같다.

이 제안은 편의상 구분한 것일 뿐 서로 상호배타적인 것은 아니며, 제안된 순서와 무관하게 동시에 진행되어야 한다. 또한 임직원 교육은 분석 기반 경영 체계 구축에 포함될 수 있지만, 그 중요성이 크기 때문에 별도로 제시했다.

리더는 어떻게 변화해야 하는가?

디지털 혁신은 비즈니스 전략, 업무 프로세스, 기술 등에서 필요한 변화를 수립해 간단하게 아래로 위임만 하면 되는 것이 절대 아니다. 경영자 자신도 근본적으로 변화할 때만 이 혁신을 주도적이고 효과적으로 이끌 수 있다. 경영자가 어떻게 변화해야 하는지에 대해 다음의 7가지를 제안한다.

첫째, 데이터를 기반으로 경영하겠다는 확고한 신념을 가져라. 대부분의 리더는 다양한 경험 속에서 산전수전을 다 겪으며 그 자리에 오른 사람들이라 독선적인 경향이 강하다. 심지어는 "내가 해봐서 아는데"라고 말하면서 다른 의견에는 귀를 기울이지 않는 경우도 있다. 하지만 기업 환경이 스마트폰, SNS, 모바일, 클라우드, 빅데이터로 빠르게 변화한 상황에서 넘쳐나는 데이터를 경쟁우위의 수단으로 삼지 않는다면 도태될 수밖에 없다. 넷플릭스의 회장인 리드 헤이스팅스는 이렇게 묻는다.

"우리는 과거보다 훨씬 넓은 영역에서 합리적이고 계량 · 분석적이며, 데이터에 의존하고 있다. 기업, 정부, 사회는 믿음에 근거한 방식에서 사실에 근거한 의사결정 방식으로 바뀌고 있다. 당신의 기업은 이런 근본적인 전환에 대해 준비가 되어 있는가?"

리더는 데이터 분석을 바탕으로 경쟁우위를 확보하고 유지하려는 신념을 확고하게 갖고 디지털 혁신을 진두지휘해야 한다. 왜냐하면 디지털 혁신은 비즈니스, 조직, 운영 관리 등의 기업 전반을 변화시키는 것이다. 이런 변화는 리더가 꼭 해내겠다는 절박감과 강한 의지를 갖고 추진해야 실현될 수 있기 때문이다.

둘째, 자신의 경험이나 직관에 의한 의사결정 방식을 버려라. 대부분의 리더는 자신의 경험이나 직관을 바탕으로 의사결정을 하고 그런 방식의 결정을 자랑스럽게 여기고 신뢰한다. 특히 중요한 결정은 직관으로 내린다. 지금까지 그래왔고 그래서 지금의 리더 자리에 올랐기 때문이다. 하지만 경험과 직관에 의한 의사결정이 데이터에 근거한 의사결정보다 효율이 매우 낮다는 것은 모두가 인정하는 사실이다. 디지털 혁신을 하려는 리더는 반드시 데이터에 근거해서 의사결정을 하는 습관을 가져야 한다. 자신은 경험과 직관에 의해 의사결정을 하는 경영자가 직원들에게 데이터에 근거해서 의사결정을 하라고 시킬 리는 만무하다.

습관적으로 경험과 직관에 의해 의사결정을 하는 버릇과 충동을 극복하는 것이 디지털 전환 시대의 리더가 갖춰야 할 필수적인 덕목이다. 리더가 "디지털 혁신은 혁신이고 나는 내 식대로 실제 의사결정은 경험과 직관에 의해서 한다"면 기업 전체의 분위기가 절대로 데이터 기반의 문화로 바뀔 수가 없다.

셋째, 데이터를 요구하라. 디지털 혁신을 위해 가장 중요하고 비용도 들지 않는 출발점이 있다. 바로 숫자를 요구하는 것이다. 데이터에 근거하지 않은 보고는 받지도 말고 그냥 던져버려라. 경영자가 매일매일 받는 보고서에는 종종 문제 해결을 위한 대책이나 제안이 들어 있다. 하지만 그 제안이 데이터에 근거하지 않은 것이라면, 아예 보고서를 읽지도 마라. 정확한 데이터에 입각해 보고와 의사소통을 하는 환경을 조성하려면, 리더가 먼저 데이터를 요구해야 하기 때문이다. 데이터에 근거한 보고서 속에는 무엇에 대해서, 어떤 과정을 거쳐서, 어떻게 생각하고 있느냐가 함축되어 있어 그 주장을 객관적으로 판단할 수가 있다.

디지털 혁신의 핵심적인 토대는 기업의 문제를 데이터 기반으로 해결하려는 것이다. 바람직하지 않은 현상이 나타나는 원인과 성과나 실적이 부진한 근본적인 이유를 데이터에서 찾고 대책을 제시하는 보고서를 리더가 요구하는 습관은 디지털 혁신을 위해서는 없어서는 안 될 유전자이며 강력한 엔진이다. 리더가 일관되게 데이터를 요구한다면 직원들은 데이터 분석을 배울 수밖에 없고, 데이터 기반의 의사소통과 의사결정 체계가 기업 내에 빠르게 확산될 것이다.

넷째, 숫자를 의심하라. 숫자에 익숙하지 않은 리더들은 숫자를 대하면 그냥 받아들이는 경우가 많다. 하지만 숫자는 우선 의심해야 한다. 의심을 통해 확신을 얻을 수 있기 때문이다. 영국 비평가인 앤드루 랭Andrew Lang은 "사람들은 마치 비틀거리는 술주정꾼이 가로등을 이용하듯이 숫자를 이용한다"고 말했다. 술 취한 사람들이 가로등을 비틀거리는 몸을 가누는 데 사용하듯이 사람들도 자신의 주장을 그럴듯하게 포장하기 위해 숫자를 이용한다는 의미다. 이렇듯 사람들은 종종 숫자를 이용해 거짓말을 하거나 숫자를 자신의 의도에 맞춰서 해석하기 때문에 숫자에 대한 경계심을 늦추지 말아야 한다. 일반적으로 숫자에 대한 의심은 다음의 4가지 차원에서 이루어진다.

첫째는 관련성이다. 숫자가 중요한 의미를 가지려면 해당 문제와 직접적으로 관련되어야 한다. 우리가 해결하려는 문제와 직접적으로 관련된 숫자가 아니라면 그 숫자는 무의미하다.

둘째는 정확성이다. "쓰레기를 넣으면 쓰레기가 나온다Garbage in, garbage out"는 유명한 말이 있듯이 문제와 관련된 숫자라도 정확하지 않으면 없느니만 못하다. 숫자의 정확성은 누가, 어떻게, 그 숫자를 만들어냈고(수집했고), 왜 그런 방법을 사용했는지, 혹시 어떤 의도가 개입되어 있는지를 생각함으로써 판단이 가능하다. 이런 의문을 설득력 있게 통과하지 못하는 숫자는 효용 가치가 없다.

셋째는 적절한 분석 기법이다. 숫자의 효용은 분석을 통해 왜, 어떤 일이 발생했는지 진단한 후 이를 바탕으로 이상을 탐지하거나 예측하는 데 있다. 따라서 왜, 어떤 특별한 분석 기법을 사용해서 원인을 진단하고 검증했는지 질문해야 한다.

넷째는 올바른 해석이다. 분석을 통해 나온 숫자는 그 자체로 아무런 의미가 없고, 그 숫자를 어떻게 해석하느냐가 중요하다. 문제와 직접적으로 관련된 정확한 숫자라도 잘못 해석되면 엉뚱한 결론을 낳을 수 있다. 특히 다른 의도를 가진 사람들은 숫자를 의도적으로 왜곡해서 해석하는 경향이 있다. 같은 숫자일지라도 해석에 따라 전혀 다른 결론을 내릴 수 있기 때문이다.

다섯째, 최소한의 필요한 분석적 지식을 익혀라. 데이터 분석으로 경쟁하는 리더가 되려면 통계나 IT와 관련된 분석적인 지식을 얼마나 알아야 할까? 물론 학교에서 관련 전공을 했고 분석 전문가와 맞먹는 능력을 갖추었다면 분명 큰 도움이 될 것이다. 넷플릭스의 리드 헤이스팅스는 미국 스탠퍼드대학의 컴퓨터과학 석사 출신이고, 해러스엔터테인먼트의 게리 러브먼은 MIT 경제학 박사 출신이며, 아마존의 제프 베저스는 미국 프린스턴대학에서 컴퓨터공학을 전공했다. 하지만 분석 지향 리더가 모두 이런 배경을 갖고 있는 것은 아니다. 분석 지향 리더에게 필요한 것은 데이터와 분석의 효용에 대한 강한 확신과 직원들을 분석적으로 생각하고 행동하게끔 밀어붙일 의지와 용기가 있으면 충분하다. 물론 분석의 주요 단계에서 여러 관련 이슈를 함께 고민하고 토론할 때 그 이슈와 내용을 이해할 수 있는 정도의 지식을 갖춘다면 이상적일 것이다. 그런 측면에서 경영자도 필요할 때 최소한의 분석적인 지식을 익히려는 자세를 가져야 한다. 특히 데이터와 관련된 이슈들(수집, 가공, 저장 등)과 왜, 언제, 어떤 기법을 사용하는지에 대한 기초만이라도 공부한다면 직원들과 문제 해결 과정에서 자유롭게 토론할 수 있을 것이다.

여섯째, 장기적인 투자임을 잊지 마라. 디지털 혁신은 원타임one-time 프로젝트가 아니라 장기간의 시간이 필요한 노력이다.[2] 원타임 프로젝트는 투자해서 구축하면 되는 프로젝트로 그 이후에는 통상적인 유지·보수만이 필요하다. 하지만 빅데이터 프로젝트는 새로운 데이터가 계속 입력되고, 이를 처리하는 인프라도 개선되며, 분석 모델도 업데이트되어야 한다. 또한 분석 결과를 실행하면서 현장에서 습득한 노하우가 분석에 다시 적용되어야 한다. 새로운 테마가 생기거나 개발될 때마다 이런 과정이 반복되면서 분석하고 예측하는 것이 빅데이터 프로젝트다. 결과적으로 평가 지표로 단기적인 실적을 평가하는 투자자본수익률ROI을 적용하는 것도 적절하지 않고 다양한 비전통적인 지표로 진행 과정을 평가해야 한다.

바클레이스Barclays는 40여 개국에서 약 12만 명의 직원이 근무하는 영국 은행이다. 바클레이스 경영진은 자사가 방대한 고객 데이터를 제대로 활용하고 있지 못한 반면에 미국의 은행들이 데이터 분석적으로 변모해 강력해진 모습에 자극을 받았다. 결국 분석 지향적인 전략을 채택하면서 이자율 책정, 신용한도 결정, 계좌 서비스, 사기 탐지, 교차 판매 등 소비자 금융의 모든 방식을 바꿔야만 했다. 또한 1,300만 신용카드 고객의 데이터를 통합하고, 세밀한 분석을 지원하기 위해 데이터를 양질로 관리했다. 최소한의 비용으로 최고의 고객을 끌어들이고 유지하는 방법을 알아내기 위해 수많은 소소한 실험을 해야 했다. 분석적 역량을 보유한 새로운 인력을 채용하고 새로운 시스템도 구축해야 했다. 이런 식으로 데이터 기반 고객 전략이 자리를 잡기까지 무려 5년이 걸렸다. 이처럼 디지털 혁신을 위한 계획을 세우고 실행에 옮기려면 경영진의 장기적인 안목과 신념이 필수적이다.[3]

일곱째, 진행을 지속적으로 점검하라. 디지털 혁신은 비즈니스의 중심인 임직원, 업무 프로세스, 기술이 변해야 하는 중요한 혁신이므로 경영자의 지속적인 관심과 지원이 필수적이다. 혁신의 방향이 올바른지, 목표한 대로 제대로 가고 있는지, 앞으로 예상되는 어려움은 무엇이고 어떻게 극복할 것인지 등을 지속적으로 관계자들과 논의하고 토론해야 한다. 지속적이라는 의미는 최소한 일주일에 한 번은 이런 미팅을 해야 한다는 의미다. 아무리 바쁜 경영자라도 초기에는 매주 디지털 혁신 관련 회의를 하겠지만, 시간이 지남에 따라 그 빈도는 줄어들 것이고 그러면 그만큼 디지털 혁신도 더뎌질 것이다.

데이터 분석 체계를 구축하라

전략은 특정한 목표를 달성하기 위해 의도된 행동 계획이다. 최고의 기업들은 경영자가 데이터 분석의 장점을 이해하고 분석에 필요한 인프라 구축에도 적극적이다. 여기에서는 3가지 측면에서 인프라 구축에 대한 로드맵을 제시한다.

첫째, 데이터 담당 임원을 임명하라. 디지털 혁신의 핵심은 역동적으로 변화하는 시장과 고객에 대해 데이터 분석에서 인사이트를 추출해 빠르고 적절하게 대응하는 것이다. 그렇게 하기 위해서는 데이터에 대한 이해와 관리, 데이터를 기업의 가치를 증대시키는 전략적 자산으로 활용하는 능력이 매우 중요하다. 이를 전담하는 것이 데이터 담당 임원Chief Data Officer, CDO이다. 지금까지 이런 임무는 대부분의 기업에서 주로 최고정보관리책임자Chief Information Officer, CIO하에서 IT 부서가 담당해왔기 때문에 굳이 추가적으로 CDO가 필요한지 의문이 생길 수 있다. 하지만 CDO를 임명해 분석 전문 조직을 구축하고 디지털 혁신을 주도하도록 하는 것이 글로벌한 추세다(가트너Gartner에 따르면 2019년까지 글로벌 기업의 90퍼센트가 CDO를 둘 것이라고 예측했다. 심지어는 하버드대학, 뉴욕시, 영국 정부 등도 이미 CDO를 두고 있다).

CDO가 필요한 것은 IT 부문과 현업(마케팅, 인사관리, 세일즈 등)의 요구 사이에 커다란 틈이 존재하기 때문이다. 데이터 분석과 관련해서 부문별 팀장이 느끼는 답답함과 좌절을 예로 들어보자. 마케팅 부문에서 고객에 대한 어떤 간단한 분석을 원하면, 우선 IT 부서에 데이터 분석을 의뢰한다. IT 부서는 이 의뢰를 받은 뒤 한참 후에야 위원회(심사 과정)를 열어 그 업무를 할 것인지, 한다면 누가 할 것인지, 언제까지 할 것인지를 결정한다. 그런 다음에 마케팅 부서에 아마도 몇 달 후에 의뢰한 분석 결과를 받을 수 있을 것이라고 통보한다. 시장과 고객은 역동적으로 변화하는데, 그것을 포착하기 위한 분석적 대응은 너무 더딘 것이다.

이것이 바로 IT 부서와 실시간으로 분석 결과가 필요한 현업 부서의 간격이다. 따라서 기업의 IT 서비스 요구를 최소한으로 충족하기 위한 업무에만 급급한 실정인 IT 부서에 디지털 혁신을 주도하라는 책임을 맡길 수는 없다. 물론 데이터 수집이나 관리는 IT 부서가 잘할 수 있을 것이다. 그러나 IT 부서는 데이터를 전략적으로 활용하거나 데이터 속에서 일정한 패턴을 찾아내는 것에 능통하지 못하다. 이러한 틈에 다리를 놓는 것이 CDO다.

CDO는 기업의 비즈니스와 데이터를 잘 이해하고 관리할 뿐만 아니라 적절하게 분석해 실시간으로 의사결정에 투입하는 책임을 맡는 사람이다. 데이터를 관리하지만 데이터 자체에 매몰되지 않고 비즈니스 가치(효율 증가, 비용·위험 감소, 매출 증대 등)를 높이는 데 주안점을 둔다.

CDO가 필요하다면 어떤 사람을 뽑아야 하는가? CDO는 어떤 자질을 기본적으로 갖춰야 하는가? CDO는 우선 현재 빠르게 변화하고 있는 기술(빅데이터, 기계학습, SNS, 사물인터넷, 모바일 등)을 충분히 이해할 수 있어야 한다.[4]

사실 이런 기술에 대해 모두 잘 알고 있는 사람을 찾는 것은 매우 어렵다. 현실적으로는 이런 기술을 기반으로 하는 다양한 솔루션을 이해하고 이것들을 비즈니스 문제를 해결하기 위해 선택하고 활용할 줄 아는 사람이면 충분할 것이다. 또한 CDO는 비즈니스 콘셉트를 넓게 이해하고 거기에 어떻게 데이터를 적용할지 아는 사람이어야 한다. 이런 자질을 갖추기 위해서는 세일즈, 마케팅, 고객 서비스 분야에서 오랜 경험을 쌓아야 한다. 글로벌 유명 기업의 CDO 중 50퍼센트 이상이 세일즈와 마케팅 부문 출신인 반면에 단지 14퍼센트만이 IT 출신이라고 한다.[5] 이런 현실은 기술과 분석(통계와 기계학습)에 대한 이해보다도 고객과 마케팅을 깊이 이해할 줄 아는 CDO를 요구한다는 것이다.

그 외에도 CDO에게 꼭 필요한 자질은 강력한 의사소통 능력과 리더십이다. CDO의 임무는 문제 인식, 데이터 수집 · 가공 · 저장, 분석, 의사결정에 이르는 과정에서 여러 부문을 매끄럽게 연결시켜야 한다. 따라서 효율적이고 생산적인 부문별 관계 유지를 위해 숙련된 의사소통 능력을 필수적으로 갖춰야 한다. 또한 다양한 부문이 일치된 방향으로 움직일 수 있도록 사람들에

〈표 3〉 CDO와 그의 팀의 주요 임무

CDO 임무	CDO의 분석 전문 조직 임무
● 분석 전문 조직 구성과 관리 ● 분석 전략과 계획 수립 ● 데이터 거버넌스 ● 데이터 신뢰성과 가치 확보 ● 분석과 인사이트로 비즈니스 가치 창조 ● 기업 전반에 분석 내재화	● 데이터 질質과 정보 전략 관리 ● 마스터 데이터 관리 ● 데이터 사이언스와 비즈니스 분석 ● 정보 설계 구축

게 신뢰와 영감을 주는 리더십도 갖춰야 한다.

CDO와 분석 전문 조직은 IT, 통계 · 기계학습, 현업 등에 각각 전문성을 갖는 인원으로 구성하되, 가능한 한 다양한 배경과 시각에서 문제를 접근할 수 있어야 한다. 부문별 효율 증대보다는 전체 기업의 가치를 증대시키는 인사이트를 추출해 실행하는 것이 디지털 혁신의 목적이기 때문이다. 구체적으로 CDO가 맡는 책임은 어떤 것일까? 사실 CDO에 대해서는 여러 산업에서 인정되는 정의조차 없는 상황이지만, 현실에서 그들이 맡고 있는 책임을 조사한 결과는 있다. 가트너가 다양한 산업에서 CDO의 역할을 하고 있는 180명의 전문가를 조사한 결과에 따르면, CDO와 그의 팀의 주요 임무는 〈표 3〉과 같았다(180명의 CDO 중에서 60퍼센트 이상이 책임을 맡고 있다고 응답한 항목만 열거한다).[6]

CDO와 그의 팀이 제일 먼저 할 일은 상대적으로 비용이 들지 않는 프로젝트부터 시작하는 것이다. 먼저 각 부문별로 현안이 무엇인지 파악하고, 현재 기업 내에 어떤 데이터가 있는지, 추가로 수집 혹은 측정이 가능한 데이터는 무엇인지, 외부에서 수집 혹은 구매 가능한 관련된 데이터가 무엇인지 정리하고 분석한다면 국지적으로 효과를 낼 수 있는 여러 프로젝트를 찾아내 해결할 수 있다.

두 번째로 할 일은 전사적 수준에서 성과를 높여줄 빅데이터 프로젝트를 찾는 것이다. 부문별 현안 해결은 초기의 적은 투자로 분석적 접근의 효과를 보여주고 분석 경험도 축적하게 해준다. 하지만 그 혜택이 국지적 수준에 한정되거나 성과가 미미해 분석적 접근의 장점을 크게 부각시키지 못하는 경우가 많아 전사적 관점에서 경쟁력 있는 차별화를 강화시켜줄 타깃을 선정해야 한다. 빅데이터 프로젝트가 비즈니스 전략의 수단이 아니라 비즈니스 전략을 형성할 수 있게 만들기 위한 것이다.

여기에서 전사적 관점의 주제란 기업 전체 차원의 현안을 말하는데, "우리 회사에서 우리 부서가 아닌 어느 다른 부서가 우리가 다루려는 문제, 데이터, 기술, 분석 결과 등에 관심을 가질까?"라는 질문에 대해 관심을 갖는 다른 부서가 많다는 대답이 나오는 주제다. 빅데이터 테마를 선정하는 과정은 제9장(〈그림 3〉 빅데이터 테마 선정 프로세스)에서 이미 제시했다.

둘째, 데이터 분석적 기업 문화를 조성하라. 디지털 혁신이 성공하려면, 모든 직원의 태도 · 업무 프로세스 · 행동과 기술이 변해야 한다. 분석적인 기업 문화를 조성한다는 것은 기업 내의 구성원들이 데이터에 근거한 의사결정을 일상화한다는 의미다. 기업 문화는 기업의 전략과 비즈니스 모델, 리더십, 프로세스, 조직 구조, 인력, 고과 · 보상 체계 등이 오랜 기간 상호작용해 형성된 것으로 의사소통과 의사결정 방식 등 조직이 숨 쉬고 생활하는 방식을 좌우한다. 그래서 한번 형성된 기업 문화는 바꾸기가 매우 어렵기 때문에 분석적 기업 문화를 조성하려면 신중하고 체계적인 계획과 접근이 필요하다.

현실적으로 기업에서는 다양한 직원이 분석에 노출되어 있다. IT 부서는 분석에 용이한 포맷으로 데이터를 저장 · 관리할 수 있다. 인사팀도 분석을 이해해야 분석 능력을 가진 사람들을 채용할 수 있다. 상품 · 서비스 개인화 추천을 받은 고객이 마케팅 직원에게 어떤 방식으로 자신에게 이것을 추천하느냐고 물을 수도 있다. 데이터 분석에 바탕을 둔 의사결정이 효과적으로 실행되려면, 전문성을 갖춘 소수의 '분석 전문가'들에게만 분석을 맡길 것이 아니라 구성원들이 폭넓은 분석 역량을 갖춰야 한다. 일명 팡FANG으로 불리는 페이스북Facebook, 아마존Amazon, 넷플릭스Netflix, 구글Google은 최고의 경쟁력을 구가하고 있다. 이 기업들은 〈표 4〉와 같은 분석적 특성을 갖는다.[7]

〈표 4〉 데이터 분석적 기업의 특징

- 데이터에 근거해 진실을 탐색하고 분석을 장려한다.
- 문제를 해결하기 위해 사례가 아닌 데이터를 수집한다.
- 데이터 속의 패턴을 찾아내 문제의 근본 원인에 접근한다.
- 실험을 중시하고, 리스크를 두려워하지 않는다.
- 의사결정을 하고 실행에 옮길 때 분석 결과를 활용한다.
- 긍정적 결과와 마찬가지로 부정적 결과도 소중히 여긴다.
- 분석적 접근의 장애를 인정하고 극복하려고 노력한다.
- 협력과 수평적 커뮤니케이션을 장려한다.
- 리더가 데이터에 근거한 의사결정을 독려한다.

하지만 분석적 측면에서 우리 기업들의 분위기는 어떨까? 대부분의 기업에서 직원들이 분석에 대한 느낌과 생각은 전혀 긍정적이지 못한 것이 현실이다. 대부분 기업의 활동이 ERP나 CRM 등으로 포착되기 때문에 데이터는 있기는 하지만 분석할 의사나 동기가 없거나, 분석을 하려고 해도 시간이나 인원이나 분석에 대한 노하우도 없다. 결론적으로 데이터를 체계적으로 관리·분석해 다양한 의사결정에 활용함으로써 성과를 크게 높일 수 있는 기회를 많은 기업이 놓치고 있다. 이런 현실에서 경영자가 디지털 혁신을 강조하는 것만으로는 기업이 분석 지향적으로 되지 않는다.

〈표 5〉 보고서 양식

현황과 문제점	바람직하지 않은 현상을 데이터로 제시한다.
문헌 연구	해당 문제를 다룬 기존의 논문 · 보고서를 검토한다.
데이터 수집	문제 해결을 위해 수집하거나 측정한 내 · 외부 데이터를 수집한다.
분석	왜, 어떤 분석 기법을 사용했는지, 어떤 결과를 얻었는지 분석한다.
결과 시사점	분석 결과가 문제 해결에 주는 시사점은 무엇인가?
결론	문제 해결을 위한 의사결정과 실행 방안은 무엇인가?

"기업 문화는 기업 전략을 아침으로 먹는다." 경영 구루인 피터 드러커가 한 말이다. 아무리 좋은 전략도 그것을 뒷받침해 주는 기업 문화가 없으면 소용이 없다는 의미다. 기업의 일상 속에서 데이터 기반의 의사결정이 정착되려면 체계적인 계획, 지원, 성과 측정과 보상이 필요하다. 이 책에서는 분석적 기업 문화 조성을 위해 다음과 같은 4가지를 제안한다.

첫째는 보고서의 형식을 데이터 분석이 포함되도록 바꿔라. 디지털 혁신을 위해 가장 중요하고 비용도 들지 않는 출발점으로 경영자는 숫자를 요구하고, 데이터에 근거하지 않은 보고서는 받지 말라고 이미 앞에서 제안했다. 그 연장선에서 리더가 받는 보고서도 아예 데이터에 근거한 대책이 들어 있도록 바꾸는 것이 좋다. 그런 내용이 자연스럽게 포함되는 보고서는 어떤 형식일까? 우리는 〈표 5〉와 같은 구성의 보고서를 제안한다.

첫 번째 단계는 현황 데이터를 바탕으로 문제를 인식해 해결하고자 하는 것부터 시작된다. 여기에서 중요한 것은 문제가 무엇인지, 왜 이 문제를 해결해야 하는지, 문제 해결을 통해 무엇을 달성할 것인지 명확히 해야 한다. 두 번째 단계는 관련 문헌 연구, 즉 문제와 직접적·간접적으로 관련된 지식을 도서, 보고서, 논문 등에서 조사하는 과정이다. 모든 문제 해결은 무無에서 이루어지는 것이 아니라 유有, 즉 관련 자료 파악에서 시작된다. 요즈음은 구글과 같은 검색 엔진을 활용하면 많은 자료를 쉽게 찾을 수 있다. 자신의 문제와 유사한 연구를 찾았다면, 그 연구 결과를 그대로 적용할 수 있는지 아니면 최소한 같은 연구 방법을 쓸 수 있는지도 검토한다.

세 번째 단계는 데이터 수집으로 기업 내부에 있는 데이터 중에서 어디에 있는 어떤 데이터를 추출할지 결정한다. 해결해야 하는 문제의 성격에 따라서는 새롭게 측정해 데이터를 구하거나, 통계청·공공기관 연구소 등 여러 원천에서 외부 자료를 입수할 수도 있다. 네 번째 단계는 수집한 데이터에서 규칙적인 패턴을 파악하는 것으로 왜 어떤 기법을 사용했는지, 어떤 결과가 나왔는지를 밝히는 과정이다. 여기에서는 도표와 그래프 같은 기초적인 기법부터 매우 정교한 통계적 모형까지 문제의 성격이나 복잡성에 따라 다양한 기법이 사용된다. 다섯 번째와 여섯 번째 단계는 주요 분석 결과가 의미하는 바를 해석해 문제 해결을 위한 의사결정과 실행 방안을 구체적으로 제시하면 된다.

둘째는 분석 경영 콘테스트를 열어라. 다양한 기업 현안에 대한 분석 결과를 발표하고 시상하는 콘테스트는 분석적인 조직 문화를 장려하고 전파할 수 있는 좋은 방법이다. 우선 각 부문별 혹은 기업 전체 수준의 현안을 주기적으로 모아서 직원들이 알 수 있도록 게시한다. 직원들은 그중에서 원하는 현안을 선택해 개인별로 혹은 팀을 짜서 데이터 분석적으로 문제 해결에 도전한다. 분석 결과는 분기별 혹은 반기별로 임직원이 모두 참여하는 발표대회를 열고 우수 연구자를 포상한다. 기업의 다양한 현안을 분석적으로 해결할 수 있을 뿐만 아니라 기업 전반에 분석적 조직 문화를 전파하는 데 매우 효과적이다.

셋째는 분석 지원 체계를 수립하라. 이상적인 분석적 기업 문화는 대부분의 직원이 데이터나 분석을 업무에 활용하며, 그것들을 바탕으로 의사결정을 하고, 기업 내에서 데이터와 분석을 위한 옹호자가 되는 것이다. 하지만 분석 능력 측면에서 대부분의 직원은 매우 제한된 지식을 갖고 있다. 그러므로 직원들이 분석적 접근 과정에서 겪는 어려움을 해소하고, 분석 능력을 높이기 위한 다음과 같은 지원 체계를 갖춰야 한다.

첫 번째는 다양한 통계 분석 도구(하드웨어, 소프트웨어 솔루션 등)를 기업 내에 구비해 직원들이 분석을 용이하게 할 수 있도록 하는 것이 필수적이다. 두 번째는 분석 지원 팀(풀타임 혹은 파트타임)을 운영해 직원들이 필요한 경우에는 어느 때나 분석에 관한 전문적인 도움을 받을 수 있도록 하는 것이다. 세 번째는 외부의 전문가 혹은 전문기관과 제휴해 모멘텀을 얻는 것이다. 기업 내에 어떤 현안이 있는지를 알려주고 학생들이 연구할 수 있게 데이터를 제공한다든지, 인턴 프로그램을 만들어 학생들을 활용한다든지, 아예 구체적인 연구 프로젝트를 만들어 직원들과 공동으로 추진하도록 할 수도 있다. 우리가 속한 서울종합과학대학원 빅데이터MBA학과와 빅데이터연구센터에서도 이런 내용의 프로그램을 제공하면서 데이터 분석적으로 현안을 해결하려는 기업들과 협력하고 있다.

넷째는 분석적 역량과 노력을 측정하고 보상하라. 기업 문화의 형성에서 중요한 요소 중의 하나는 고과 · 보상 체계다. 직원들로 하여금 분석적으로 업무를 하도록 적절히 동기부여하려면 분석적 역량과 노력을 측정하고 보상하는 것이 필수적이다. 하지만 대부분의 기업에서 분석적 역량이나 노력은 고과 항목에 들어 있지 않다. "측정되는 것만이 (개선되도록) 관리된다." 피터 드러커의 말이다. 이를 위해서는 잘 정의된 분석적 목표를 수립하고, 객관적으로 측정해 보상할 수 있도록 고과 체계를 보완하고 실행해야 한다.

셋째, 분석 전문 인력을 확보하라. 디지털 혁신이 성공하기 위해서는 데이터 사이언티스트라고 불리는 분석 전문 인력을 확보하는 것이 필수적이다. 하지만 분석 전문 인력에 대한 늘어나는 수요에 비해 공급이 크게 부족해 전 세계적으로 분석 인력 경쟁이 벌어지고 있는 중이다. 「'데이터 사이언티스트' 어디 없소…몸값 폭등 예고」[8], 「백지 수표로 모셔간다…AI 전문가 스카우트 전쟁」[9]의 기사는 그 치열한 채용 전쟁을 보여주고 있다.

구글은 페이스북과 치열한 경쟁 끝에 마침내 딥마인드를 인수했다. 그 후 1년 반 만에 인공지능 바둑프로그램인 알파고를 개발해 인류의 위대한 도전이라고 불리는 바둑 문제(최고의 프로 바둑기사를 이기는 것)를 풀어서 전 세계를 놀라게 했다. 네이버도 최근에 프랑스에 있는 인공지능 연구소 제록스리서치센터유럽XRCE(연구원 80여 명)을 약 1,000억 원에 전격 인수했다. 네이버가 이번 인수에 전력한 데는 아무리 돈을 들여도 인공지능 분야의 고급 인재 한 명의 영입도 수월하지 않은 현실 때문이었다.

이런 현실 때문에 대부분의 기업이 우수한 데이터 사이언티스트를 채용하는 데 애를 먹는다. 어렵게 채용한다고 해도 인력의 수요 · 공급 불균형으로 몸값이 매우 비싸다. 더욱이 이렇게 채용한 전문가들을 바로 현장에서 투입할 수도 없다. 그들이 해당 기업의 비즈니스, 데이터, 현안을 이해하는 데 시간이 걸리기 때문이다(이를 도메인 지식domain knowledge이라고 한다).

그러므로 기업은 우수한 데이터 사이언티스트를 확보하기 위한 노력을 기울이되, 동시에 직원들 중에서 적합한 인재를 선

〈표 6〉 빅데이터MBA학과 커리큘럼

구분		과목명
1학기	경영학 공통	● Strategic Management
		● Advance technology and Management
		● Scientific Sales: Sales Model and Management
	Data Science 기초	● Data-Driven Decision Making and Strategies
		● Digital Marketing
		● Management Science Methods
		● Data Analytics in Practice
		● 빅데이터 테마 선정, 시스템 구축
2학기	전공 기초	● 빅데이터 분석을 위한 수학 리뷰
		● 통계학 원론
		● 다변량 분석
		● R 기초
		● R 고급
		● RDBMS & SQL
		● 빅데이터 방법론과 기계학습
		● Python 기초
		● Python 고급
		● Data Mining Ⅰ
3학기	전공 심화	● Data Mining Ⅱ
		● 인공신경망 분석과 딥러닝
		● 개인화 추천 실습
		● 사물인터넷 개발 · 실습
		● Individual Topic Research
		● SNS 분석
		● 챗봇 비즈니스 기획 · 개발 실습
		● 종합 실습: 빅데이터 플랫폼 설계 · 구축 · 실습 Ⅰ · Ⅱ · Ⅲ(3과목)
		* 논문(3학점)

발해 데이터 사이언티스트로 양성할 필요가 있다. 즉, 직원을 선발해 외부의 장·단기 교육 과정에 보낸다든지 아예 해당 전공의 석사 과정에 위탁 교육을 하는 것이다. 최근에는 기존의 컴퓨터 공학, 통계학, 산업공학 외에도 빅데이터나 인공지능 등의 석사 과정이 생겨나고 있다.

우리가 소속된 서울과학종합대학원 빅데이터MBA학과도 스위스 로잔경영대학Business School Lausanne과 제휴해 빅데이터 MBA공동 학위과정(석사)을 운영하고 있다. 이 석사 과정은 1년 반(3학기) 동안 〈표 6〉과 같은 커리큘럼을 통해 빅데이터 분석 전반에 관한 이론을 배우고 실습한다.

디지털 혁신을 위한 교육

기업을 바꾸는 것은 사람이고, 사람을 바꾸는 것은 교육이다. 디지털 혁신이 데이터 분석으로 경쟁하는 기업을 만드는 것이라면, 임직원들도 데이터 분석적으로 업무를 하도록 교육시켜야 한다. 다음에서는 현업 직원과 임원으로 구분해 각각의 교육 이슈를 논의한다.

첫째, 현업 직원의 분석 능력을 향상시키기 위한 교육이다.

앞에서 언급했듯이 데이터 분석은 기업 내 각 부문의 일상 업무에 새겨져 있다. 예를 들어 분석에 용이한 포맷으로 데이터를 저장·관리해야 하는 IT 부서, 분석 능력을 가진 사람들을 채용해야 하는 인사팀, 고객에게 자동으로 추천된 상품·서비스를 설명해야 하는 마케팅 직원들이 데이터 분석에 노출되어 있다. 우리는 아래의 계기를 통해 효과적인 현업 직원 교육 프로그램을 개발할 수 있었는데, 이를 간단히 설명한다.

2000년대 후반에 한 대기업의 교육 담당자가 김진호 교수를 찾아왔다. 그 기업의 전략기획본부에 근무하는 대리·과장급 사원들을 대상으로 하는 교육을 해달라는 것이었다. 어떤 교육이냐고 물었더니 '업무 계량화 교육 과정'이라고 했다. 그 말을 듣는 순간 김진호 교수는 깜짝 놀랐다. 그런 교육의 필요성을 김진호 교수가 오래전부터 느껴왔고 그런 책을 구상 중이었지만, 실제로 한 대기업에서 그런 교육을 해달라고 부탁을 받기는 처음이었다(이 책은 2013년에 세계적으로 유명한 분석 전문가인 토머스 대븐포트 교수와 공저로 미국에서 『Keeping Up With the Quants: Your Guide to Understanding and Using Analytics』라는 책으로 출간되었다. 이 책은 일본어, 중국어, 스페인어로 번역되었으며 한국에서는 김진호 교수가 직접 번역해 『말로만 말고 숫자를 대봐』라는 책으로 출간되었다). 우선 그 기업이 그런 생각을 했다는 사실에 감동을 받아 요청을 수락했다. 나중에 전략기획본부의 책임자에게 어떻게 해서

'업무 계량화'라는 교육이 필요하다고 판단했는지 물었더니 이렇게 대답했다.

"전략기획본부는 우리 회사의 두뇌들이 모여서 회사가 앞으로 성장할 수 있도록 새로운 아이디어를 짜내는 부서입니다. 아이디어를 내라고 매일 윽박지르고 야근시키는 것보다는 직원들을 계속적으로 교육하고 동기부여하는 것이 중요한데, 과연 어떤 내용을 교육해야 하는지 고민을 많이 했습니다. 그런 고민 끝에 나온 것 중의 하나가 '업무 계량화 교육 과정'이에요. 전략기획본부의 직원들은 매우 우수해요. 글로벌 유명 기업의 직원들과 비교해도 조금도 뒤지지 않는다고 자부합니다. 단 하나 그들보다 부족한 게 있다면 그것은 데이터 분석 능력입니다. 우리 직원들은 주로 말로만 이야기하는 경향이 있어요. 글로벌 기업의 직원들은 수치를 분석한 결과를 함께 제시하면서 말하는 데 말이죠. 이번 교육을 통해 우리 직원들도 앞으로는 수치를 치밀하게 분석한 결과를 바탕으로 업무를 추진할 수 있게 되길 바랍니다."[10]

이러한 요구를 고려해 단순한 지식 전달을 위한 교육보다는 업무에서 느낀 다양한 문제를 데이터 분석적으로 해결도 하고 실습도 하는 교육 프로그램을 진행했다. 그 후에도 여러 기업에서 유사한 교육 프로그램을 진행하면서 〈표 7〉과 같이 실무에서 현안 과제를 개인 혹은 팀의 데이터 분석 과제로 선정해 이론 학습, 실습, 프로젝트 수행, 결과 발표 등의 과정을 거치는 교육 프로그

〈표 7〉 현안 해결 교육 프로그램

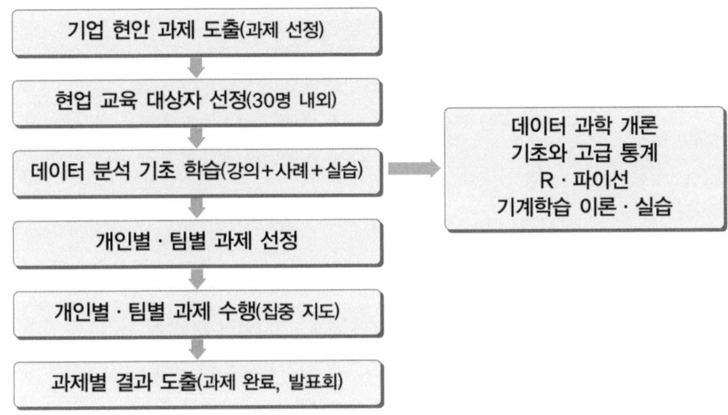

램으로 개발했다.

먼저 기획과 현업 부문 직원들과의 인터뷰를 통해 현업 과제를 도출한 뒤, 현안의 시급성, 기대되는 성과, 교육 기간(3~6개월) 내에 수행이 가능한지 등을 기준으로 현안 과제를 확정한다. 다음에는 확정된 과제 수행에 가장 적합한 현업 직원들을 교육 대상자로 선별해 사전에 데이터 분석의 기초를 교육한다. 교육 내용은 데이터 과학 개론, 기초와 고급 통계, R · 파이선, 기계학습 이론 · 실습 등이다(IT 부서의 직원들을 대상으로 한 교육에는 하둡 Hadoop[데이터를 처리할 수 있는 오픈소스 프레임워크, 기초와 심화]과 스파크 Spark[분산처리 시스템, 실습과 운용] 등이 추가될 수 있다).

기초 교육이 끝나면 개인별 · 팀별 과제를 할당해 집중 지도

〈표 8〉 디지털 혁신을 위한 임원 교육 프로그램

제목	학습 목표	주요 내용
빅데이터 시대의 현재와 미래	빅데이터 시대의 의미와 미래의 경쟁 흐름을 이해한다.	● 빅데이터의 등장 배경 ● 빅데이터의 분석 단계 ● 빅데이터 시대의 미래
빅데이터 시대의 기업 대응 전략 (디지털 혁신)	디지털 혁신의 개념과 유형과 사례를 알아본다.	● 디지털 혁신의 개념 ● 디지털 혁신의 유형 ● 유형별 현업 사례
○○산업 영역의 디지털 혁신	○○산업의 특징과 빅데이터 활용 추세를 알아본다.	● ○○산업의 특징 ● 빅데이터 활용 사례 ● 기업에 주는 시사점
기업의 현실과 문제점	디지털 혁신의 구현을 어렵게 하는 기업 현실과 문제점을 이해한다.	● 분석 측면의 기업 현실 ● 경영진 문제 ● 현업 문제 ● IT 분야 문제 ● 빅데이터 TF의 실패 요인
디지털 혁신의 성공 요인	디지털 혁신의 성공을 위한 요인을 이해한다.	● 디지털 혁신의 성공 모델(DELTA+조직문화) ● 각 성공 요인 설명
디지털 혁신으로 가는 로드맵	디지털 혁신의 성공을 위한 방안과 단계를 이해한다.	● 경영자 자신의 변화 ● 분석 기반 경영 체계 구축 ● 임직원 교육
토론과 Q&A	디지털 혁신의 문제를 토론한다.	● 현업 적용에 대한 토론 ● 자유로운 질의와 응답

를 받으면서 본격적으로 과제를 수행한다. 과제가 완성되면 직원들과 경영진이 모인 자리에서 발표회와 토론 시간을 갖는다. 이

런 교육 프로그램은 기업의 현안 과제를 해결하고, 현업 직원의 분석 능력을 향상시킬 뿐만 아니라, 교육을 받은 직원들이 앞으로도 분석적으로 업무를 수행할 것이기 때문에 분석적인 기업 문화를 확산시키는 일석삼조의 효과가 있다.

둘째, 임원 교육이다. 현재 많은 기업의 CEO 레벨에서는 디지털 혁신을 매우 진지하게 추진하려 하고 있고, 이를 위한 역량 계발과 사내 이슈 발굴을 지시하고 있다. 이에 따라 실무자 그룹에서는 다양한 역량 교육(R 또는 파이선, 기계학습 등)을 시행하고 있다. 하지만 디지털 혁신의 이슈를 발굴·기획하고 추진 동력을 제공해야 하는 사람들이 임원(부서장)들인데, 이들의 빅데이터에 대한 인식과 이해는 매우 미흡한 편이다. 따라서 이들에게도 디지털 혁신이 가져오는 비즈니스 잠재력을 이해시키고 관련 프로젝트 이슈를 발굴·설계·추진할 수 있는 교육을 실시할 필요가 있다. 임원 교육 프로그램은 해당 산업과 비즈니스 모델에 따라 다양하게 구성될 수 있겠지만, 우리는 〈표 8〉과 같은 프로그램을 운영하고 있다.

용기는 성공의 보장이 없는데도 일을 시작하는 신념이다.

★ 요한 볼프강 괴테Johann Wolfgang Goethe(작가)

에필로그

이 책을 끝맺으며 우리는 여기까지 읽은 경영자들이 다음의 4가지를 확신했기 바란다.

첫째, 이제 디지털 혁신으로 자신의 비즈니스를 바꾸는 것은 거스를 수 없는 흐름이며 선택이 아니라 필수다. 이 시대의 5대 핵심 기술인 소셜미디어, 모바일, 사물인터넷, 클라우드, 빅데이터는 다양하게 조합되면서 사람들이 삶의 방식을 변화시키고 있다. 이제 기업은 사업의 어느 영역에서 5대 핵심 기술 중에서 어떤 기술을 결합해 어떻게 도입함으로써 혁신을 이룰 것인지 끊임없이 고민하고 시도해야 한다.

최근 해외시장에서 성공으로 큰 화제를 일으킨 방탄소년단 BTS의 사례는 시사하는 바가 크다. 소셜미디어 시대의 아이돌답게 유튜브와 SNS로 해외 팬들과 밀착되게 소통한 것이 중요한 성공 요인으로 작용했기 때문이다.

"데뷔 전부터 꾸준히 트위터와 블로그를 통해 팬들과 소통한 방탄소년단은 유튜브를 통해 어마어마한 양의 '방탄 콘텐츠'를 쏟아냈다. 국내 방송 활동에서 한계를 느낀 그들이 활동 무대를 아예 인터넷으로 옮긴 것이다.……중소기획사의 한계가 아이러니하게도 해외 팬들과 소통할 수 있는 기회가 된 셈이다. 그렇게 그들의 숨겨졌던 진가가 발휘되기 시작했다. 현재 방탄소년단의 공식 SNS 팔로워 수는 1,100만 명에 육박한다.……유튜브 조회수는 경이로운 수준이다. 1억 뷰가 넘는 뮤직비디오만 13곡에 달한다.……13곡 전부 합치면 30억 뷰를 넘어선다. 관련 동영상도 인기다. 팬클럽 '아미Army'의 외국인 팬들이 방탄소년단 히트곡을 한국어로 '떼창'하는 풍경이 영상 속에서 펼쳐진다. 방탄소년단의 공연에 리액션하는 외국인 동영상도 흥미를 유발한다."[1]

둘째, 디지타이징 비즈니스에는 7가지 유형이 있다. 기업이 속한 기존 시장에서는 이상 탐지, 개인화 추천, 새로운 기회 발견 등의 과정을 거쳐 분석적 역량을 축적하면 다른 기업의 유사한 문제도 해결할 수 있는 컨설팅 서비스를 하거나 플랫폼 비즈니스로 변화한다. 완전히 새로운 시장에서는 데이터를 미리 수집해 놓았다가 고객에게 필요한 시점에 판매하는 유형, 아예 필요한 분석까지 추가해 서비스를 제공하는 유형, 종합적인 플랫폼으로 만들어 다수의 고객에게 동시에 서비스하는 유형이 있다. 기업은 자신의 비즈니스 모델과 시장의 위치 등에 맞는 전략에서 시작해 점차로 진화해나갈 수 있다.

셋째, 디지털 혁신을 실행할 때 현실적으로 상당한 어려움을 겪는다. 최근에는 많은 기업이 전략적 차원에서 비즈니스를 디지털화하려는 노력을 하기 시작했지만, 실제로 추진 과정에서 많은 어려움을 겪고 있다. 그 원인은 경영자의 비전과 신념이 확고하지 못하고, 디지털 혁신은 IT 프로젝트라는 잘못된 생각에 IT 부서에 모든 기획과 실행을 떠넘기기 때문이다.

넷째, 디지털 혁신이 성공하려면 임직원들의 태도, 업무 프로세스, 행동과 기술 등을 변화시키기 위한 체계적인 교육이 필요하다. 이 책에서는 경영자 자신의 근본적인 변화, 분석 기반 경영 체계 구축, 임직원 교육의 3개 영역으로 구분해 각각 상세한 로드맵을 제시했다.

이제 리더가 이 책을 읽고 앞의 4가지를 잘 이해했다면, 디지털 혁신의 성공을 위해 용감한 결정을 해야 할 그 누군가는 바로 당신이다. 축하한다! 당신의 용기와 지혜는 당신과 기업을 미래로 이끌 것이다.

주

프롤로그

1 Thomas Davenport · Jeanne Harris, 『Competing on Analytics』(Harvard Business School Press, 2007), p.8. 〈표 1-2〉를 보완했다.

2 김환영, 「"AI가 이끌 4차 산업혁명? 그런 건 없다"」, 『중앙일보』, 2017년 7월 26일.

3 「관官이 낳은 버블 한국에만 있는 4차 산업혁명」, 『주간조선』, 2017년 6월 18일.

제1장 리더십은 비전을 현실로 바꾸는 능력이다

1 조던 엘렌버그, 김명남 옮김, 『틀리지 않는 법: 수학적 사고의 힘』(열린책들, 2016), 18~19쪽.

2 이경숙, 『도덕경』(명상, 2004), 223쪽.

제2장 빅데이터를 어떻게 분석할 것인가?

1 Thomas Davenport · Jeanne Harris · Robert Morison, 『Analytics at Work』(Harvard Business Review Press, 2010), p.7. 〈그림 1-1〉을 바탕으로 재구성했다.

2 Thomas Davenport · Jeanne Harris · Robert Morison, Ibid., pp.81~82.

3 토머스 대븐포트 · 김진호, 『말로만 말고 숫자를 대봐』(엠지엠티북스, 2013), 46~47쪽.

4 최준호, 「『메가트렌드』 저자, 세계적 미래학자 존 나이스빗」, 『중앙일보』, 2010년 10월 23일.

5 Jeremy Ginsberg, et. al., 「Detecting Influenza Epidemics Using Search Engine Query

Data」, 『Nature』, Vol.457, 19 February, 2009, pp.1012~1014.

6 David Lazer, et. al., 「The Parable of Google Flu: Traps in Big Data Analysis」, 『Science』, Vol.343, 14 March, 2014.

7 「Flu prediction by the university Osnabrück and IBM WATSON」, by the institute of cognitive Science Osnabrück.

제3장 빅데이터와 리더십

1 토머스 대븐포트 · 김진호, 『말로만 말고 숫자를 대봐』(엠지엠티북스, 2013), 46~51쪽.

2 Thomas Davenport · Jeanne Harris, 『Competing on Analytics』(Harvard Business School Press, 2007), pp.3~6, pp.41~42, pp.72~73.

3 「The Next Wave of Digitization Setting Your Direction, Building Your Capabilities」, 『Booz & Company Report』, 2011.

4 「Digital disruption–Short fuse or big bang」, 『Deloitte Report』, 2012. 이 보고서 작성 시점이 2012년임을 유의해야 한다.

5 Thomas Davenport · Jeanne Harris · Robert Morison, 『Analytics at Work』(Harvard Business Review Press, 2010), pp.79~84.

제4장 빅데이터와 디지타이징 비즈니스

1 Thomas Davenport, 『Big Date at Work』(Harvard Business Review Press, 2014), pp.60~69.

2 함유근 · 채승병, 『빅데이터, 경영을 바꾸다』(삼성경제연구소, 2012), 92쪽.

3 장동인, 『빅데이터로 일하는 기술』(한빛미디어, 2014), 61쪽

4 토머스 대븐포트 · 김진호, 『말로만 말고 숫자를 대봐』(엠지엠티북스, 2013), 64~68쪽.

5 조종엽, 「인공지능이 고전 번역?」, 『동아일보』, 2016년 6월 15일.

6 김기범, 「아직 '초벌 번역' 수준 'AI 학생' 실력은 쑥쑥」, 『경향신문』, 2018년 1월 14일.

제5장 진단 분석과 이상 탐지

1 토머스 대븐포트 · 김진호, 『말로만 말고 숫자를 대봐』(엠지엠티북스, 2013), 84~87쪽.

2 이 부분은 https://en.wikipedia.org/wiki/Ignaz_Semmelweis를 참조했다.

3 「Benford's law」, 『Wikipedia』.

4 차민영, 「머스크 "북한보다 위험한 게 AI"…북北 리스크 속 테슬라 CEO 일침」, 『이투데이』, 2017년 8월 13일.

5 Andrew Ng, 「What Artificial Intelligence Can and Can't Do Right Now」, 『Harvard Business Review』, Nov.9, 2016, p.2.

6 Andrew Ng, ibid., p.4.

제6장 예측 분석과 개인화 추천

1 토머스 대븐포트 · 김진호, 『말로만 말고 숫자를 대봐』(엠지엠티북스, 2013), 137~141쪽.
2 John M. Gottman · James D. Murray · Catherine Swanson · Rebecca Tyson · Kristin R. Swanson, 『The Mathematics of Marriage: Dynamic Nonlinear Models』(Bradford Books, 2003).
3 토머스 대븐포트 · 김진호, 앞의 책, 214~218쪽.
4 토머스 대븐포트 · 김진호, 앞의 책, 210~214쪽.
5 Ian Ayres, 『Super Crunchers』(Bantam Books, 2007), p.7.
6 함유근 · 채승병, 『빅데이터, 경영을 바꾸다』(삼성경제연구소, 2012), 104쪽.
7 https://image.slidesharecdn.com/2-131209032725-phpapp01/95/-19-638.jpg?cb=1386559754
8 이 사례는 Thomas Davenport · D. J. Patil., 「Data Scientist: The Sexiest Job of the 21st Century」, 『Harvard Business Review』, Vol.90, No.10, October, 2012를 참조했다.

제7장 빅데이터로 서비스를 혁신하다

1 나준호 · 최드림, 「미국 독일 일본의 스마트 팩토리 전략」, 『LG경제연구원』, 2016년 12월 28일, 16쪽.
2 http://gelookahead.economist.com/infograph/industrial-internet-the-power-of-1-2/
3 「Predix: The Industrial Internet Platform」, 『GE Digital』, November, 2016.

제8장 빅데이터 비즈니스 플랫폼

1 함유근, 『이것이 빅데이터 기업이다』(삼성경제연구소, 2015), 149~154쪽.
2 허지윤, 「입소문만으로 '육아맘' 필수 앱 '열나요' 대박 신재원 모바일닥터 대표 "글로벌 플랫폼 도전"」, 『조선일보』, 2017년 8월 23일.
3 카트리오나 매클로플린, 황수경 옮김, 「당신의 모든 정보 죽을 때까지 추적한다」, 『한겨레』, 2013년 8월 5일.
4 이용성, 「가까운 주차장 찾을 수 있는 앱 개발 6대 광역시 서비스…3년 만에 가입자 35만명」, 『조선일보』, 2016년 7월 25일.
5 배인선, 「마윈도 꽂힌 중국 대학생 필수 어플: 슈퍼커리큘럼」, 『아주경제』, 2015년 5월 14일.
6 김용대, 「국가 통계가 국민 불신 피하려면」, 『조선일보』, 2013년 12월 24일.
7 장윤정, 「팬들의 콘서트 요청을 모아 공연 추진: 모두를 만족시키는 '행복한 역발상'」, 『동아비즈니스리뷰』, 2017년 7월(제228호), 44~50쪽.
8 「인공지능 카피라이터, 퍼사도를 아시나요?」, 『월간APP』, 2016년 9월 22일.
9 https://subokim.wordpress.com/2013/01/31/platform-story/

제9장 빅데이터 테마를 어떻게 선정할 것인가?

1 Thomas Davenport · Jeanne Harris, 『Competing on Analytics』(Harvard Business School Press, 2007), p.35. 〈그림 2-2〉와 「Big Data: Harnessing a game-changing asset」, 『A Report from Economist Intelligent Unit』(2011), pp.20~21을 참조해 재구성했다.

2 Thomas Davenport · Jeanne Harris, ibid., pp.153~154.

3 이 내용은 장동인, 『빅데이터로 일하는 기술』(한빛미디어, 2014), 122~138쪽과 장동인의 '빅데이터 특강(서울과학종합대학원 빅데이터MBA학과, 2016)' 내용을 참조해 보완했다.

4 조던 엘렌버그, 김명남 옮김, 『틀리지 않는 법: 수학적 사고의 힘』(열린책들, 2016), 16~18쪽.

5 장동인, 앞의 책, 147쪽, 〈그림 5-1〉.

제10장 빅데이터 리더십 로드맵

1 Thomas Davenport · Jeanne Harris, 『Competing on Analytics』(Harvard Business School Press, 2007), pp.24~32.

2 장동인, 『빅데이터로 일하는 기술』(한빛미디어, 2014), 133쪽.

3 Thomas Davenport · Jeanne Harris, ibid, pp.31~32.

4 Deren Baker, 「Why Every Growing Business Should Have a CDO」, 『Entrepreneur』, July 20, 2016.

5 Minda Zetlin, 「Why every organization needs a CDO」, 『The Enterprisers Project』, January 27, 2016.

6 Jamie Popkin · Valerie A. Logan · Debra Logan · Mario Faria, 「Second Gartner CDO Survey: The State of the Office of the CDO」, 『Gartner』, 13 October, 2016.

7 Thomas Davenport · Jeanne Harris · Robert Morison, 『Analytics at Work』(Harvard Business Review Press, 2010), pp.137~141을 참고해 보완했다.

8 김동표, 「'데이터 사이언티스트' 어디 없소…몸값 폭등 예고」, 『아시아경제』, 2017년 4월 20일.

9 강동철, 「백지 수표로 모셔간다…AI 전문가 스카우트 전쟁」, 『조선일보』, 2018년 4월 6일.

10 토머스 대븐포트 · 김진호, 『말로만 말고 숫자를 대봐』(엠지엠티북스, 2013), 52~53쪽.

에필로그

1 김정훈, 「[방탄소년단 성공기] BTS는 어떻게 세계를 사로잡았나」, 『머니투데이』, 2018년 6월 4일.

빅데이터 리더십

ⓒ 김진호·최용주, 2018

초판 1쇄 2018년 7월 25일 펴냄
초판 4쇄 2020년 4월 8일 펴냄

지은이 | 김진호 · 최용주
펴낸이 | 이태준

기획 · 편집 | 박상문, 박효주, 김환표
디자인 | 최진영, 홍성권
관리 | 최수향
인쇄 · 제본 | (주)삼신문화

펴낸곳 | 북카라반
출판등록 | 제17-332호 2002년 10월 18일

주소 | 04037 서울시 마포구 양화로 7길 4(서교동) 2층
전화 | 02-486-0385
팩스 | 02-474-1413
www.inmul.co.kr | cntbooks@gmail.com

ISBN 979-11-6005-053-0 03320
값 16,000원

북카라반은 도서출판 문화유람의 브랜드입니다.
저작물의 내용을 쓰고자 할 때는 저작자와 북카라반의 허락을 받아야 합니다.
파손된 책은 바꾸어 드립니다.

이 도서의 국립중앙도서관 출판시도서목록(CIP)은 서지정보유통지원시스템 홈페이지(http://seoji.nl.go.kr)와 국가자료공동목록시스템(http://www.nl.go.kr/kolisnet)에서 이용하실 수 있습니다. (CIP제어번호: CIP2018021053)